SCORPIO

EDITION Now!

Ruth Knaup

Selbstfürsorge

Stärke die Liebe
zu dir selbst

SCORPIO

Liebe Leserin, lieber Leser,
die Texte dieses Bandes entstammen Kapitel 2 aus dem Buch von Ruth Knaup *NOW! Jetzt sorg ich gut für mich: Entschleunigung, Selbstfürsorge, Lebensfreude* (Scorpio Verlag).

In der EDITION Now! sind bisher erschienen

Achtsamkeit, Heike Mayer
Entschleunigung, Ruth Knaup
Vertrauen ins Leben, Heike Mayer/Karin Furtmeier
Yoga im Alltag, Karin Furtmeier

MIX
Papier aus verantwortungsvollen Quellen
FSC® C084279
FSC www.fsc.org

Umschlaggestaltung und Umschlagmotiv:
Hauptmann & Kompanie Werbeagentur, Zürich
Bild- und Quellennachweis: S. 127
Layout: Friederike Niemeyer, Hamburg
Herstellung: Danai Afrati & Robert Gigler, München
Druck und Bindung: Print Consult, München
ISBN 978-3-95803-180-7

www.scorpio-verlag.de

INHALT

DU BIST WICHTIG!

Rate mal, wer der einzige Mensch ist, der langfristig dafür sorgen kann, dass es dir gut geht mit deinem Leben? Richtig, das bist DU!

Häufig sind wir geneigt, die Verantwortung für das »überfüllte« Leben, das wir führen, ins Außen zu delegieren: Meine Chefin fordert ja immer ... Meine Kinder wollen doch ständig ... Meine Mutter braucht mich nun mal immer mehr … Und so weiter.
Aber Vorsicht:

Nur DU selbst kannst dein Leben
entschleunigen, gestalten, ausbalancieren!
Niemand anders kann
und wird es für dich tun.

Wir alle sehnen uns danach, unseren Platz in dieser Welt zu finden und uns an diesem Platz optimal zu entfalten. Aber nur du kannst wissen, spüren und ausdrücken, wo du hingehörst und was du von anderen Menschen brauchst.
Auf den nächsten Seiten findest du Anregungen, wie du deine Bedürfnisse klarer wahrnehmen und dich selbstbewusster und ohne schlechtes Gewissen um dich selbst kümmern kannst.
Manchmal stehen wir uns dabei, bedingt durch alte Kränkungen, selbst im Wege. Dann vermeiden wir aus Angst Entwicklungsschritte, die eigentlich gesund wären. Es kann sehr heilsam sein, den Mut zu fassen, diese alten Verletzungen noch einmal ans Licht zu holen und zu heilen, damit wir uns von ihnen befreien und weitergehen können. Auch dafür bietet dir dieses Buch Inspiration und Unterstützung.

EIGENE BEDÜRFNISSE FORMULIEREN

Willst du anfangen, dich besser um dich selbst zu kümmern? Dann beginne damit, deine eigenen Grenzen zu respektieren und zu lernen, deine Bedürfnisse zu formulieren.

Vor allem viele Frauen denken, es sei entweder unnötig oder egoistisch, dem Umfeld die eigenen Bedürfnisse mitzuteilen. Denn entweder seien diese Bedürfnisse so offenbar, dass die Liebsten oder Kolleg/innen dies von selbst sehen müssten, oder so übertrieben, dass es besser sei, sie gar nicht erst zu äußern. Leider ist es aber so, dass kein Mensch Gedanken lesen kann (weder Männer noch Frauen!). Außerdem ist es unbedingt sinnvoll, auch und gerade Bedürfnisse zu äußern, die sich mit hoher Wahrscheinlichkeit nicht mit den Bedürfnissen deines Umfeldes decken.

Vielleicht kennst du das: Deine Kollegin Petra wirkt schlecht gelaunt. Du fragst sie mehrmals, ob etwas nicht stimmt, wirst aber schnippisch abgewiesen. Nach einer Weile meidest du sie, weil du das Gefühl hast, Petra mag dich nicht. In Wirklichkeit war es vielleicht so, dass Petra sich nicht getraut hat, ihre Bedürfnisse zu formulieren und zu sagen: »Du, Sabine, pass mal auf, das ist mir zu viel, dass die ganzen Abrechnungen jetzt bei mir gelandet sind. Können wir uns das vielleicht teilen?« Sicherlich hättest auch du dich dann nicht über den zusätzlichen Berg Arbeit auf deinem

Schreibtisch gefreut. Aber das eigentliche Problem wäre jetzt sichtbar und verhandelbar geworden: Vielleicht hättet ihr gemeinsam zu eurer Vorgesetzten gehen können und nachfragen, ob ihr dafür von anderen Tätigkeiten entlastet werden könnt. Und vor allem: Deine Beziehung zu Kollegin Petra hätte sich wieder verbessern können.

SAGEN, WAS DU BRAUCHST

Handelst du auch manchmal wie Petra und schluckst deinen Frust herunter – in der Hoffnung, die anderen merken von selbst, was los ist? Warum tun wir das?
Viele von uns haben als Kind gelernt, dass es fatale Folgen haben kann, hilfsbedürftig zu sein.

Rebecca musste als kleines Mädchen mit ansehen, wie ihr älterer Bruder von der Mutter verprügelt wurde, wenn er schlechte Noten nach Hause brachte. Ihr war klar: Das darf mir nie passieren. Ich muss in der Schule immer perfekt funktionieren. Was ihr auch gelang. Bis der Druck so groß wurde, dass Rebecca als Teenager schwere Migräneanfälle bekam. Eine liebevolle Ärztin half ihr, gütiger mit sich selbst und ihren »Schwächen« zu werden, sodass der innere Druck nachließ.

Hilfsbedürftigkeit einzugestehen ist für viele Menschen ein sensibles Thema. Ohne sich dessen unbedingt bewusst zu sein, befürchten sie einen Gesichtsverlust oder gar einen Liebesverlust (wie es bei Rebecca der Fall war). Deshalb tun sie alles dafür, um es »alleine schaffen« zu können, auch wenn sie dabei so über ihre körperlichen und seelischen Grenzen gehen, dass sie zusammenbrechen.
Bitte mach dir immer wieder bewusst, dass du auch deinem Umfeld *nützt,* wenn du klar formulierst, was du brauchst. Still vor sich hin leidende »Märtyrer/innen« vergiften hingegen jeden aufrichtigen Kontakt.

Rechts findest du Vorschläge für eigenverantwortliches Sprechen und Handeln.

Wirke ich dadurch nicht zu selbstbezogen?

Viele Menschen fürchten sich davor, »egoistisch« zu wirken, wenn sie ihrem Umfeld deutlich machen, was sie brauchen und möchten. De facto bestätigt sich diese Angst meist nicht. Wenn Bedürfnisse klar ausgesprochen werden, werden sie auch verhandelbar. Die anderen fühlen sich ermutigt, ebenfalls zu sagen, was sie möchten, und nur so kann ein guter Kompromiss gefunden werden.

Die eigenen Bedürfnisse zu kennen und zu Gehör zu bringen ist ein Akt der Selbstverantwortung. Diese Selbstverantwortlichkeit entlastet das Umfeld.

Eigenverantwortliches Handeln üben

- » Achte darauf, wie oft du »Ich muss...« sagst.
- » Versuch, so oft wie möglich stattdessen »Ich möchte...« zu sagen.
- » Beobachte den Unterschied, den das in dir, aber auch in den Reaktionen deines Gegenübers auslöst.
- » Du kannst üben, statt »Ich kann nicht...« jedes Mal »Ich möchte nicht...« zu sagen.
- » Beide Formulierungen werden dir helfen, selbstverantwortlich für deine Bedürfnisse einzustehen. Denn sobald du merkst, dass »Ich möchte (nicht)...« eigentlich gar nicht stimmt, kannst du dich fragen, aus welchem Grund du dann so handeln würdest und ob das wirklich stimmig ist für dich.
- » Du kannst mit ganz einfachen Situationen beginnen. Und du wirst feststellen, dass zum Beispiel dein Kind anders reagiert, wenn du sagst, du möchtest (statt du musst) jetzt lieber ein schönes Abendessen machen, als mit ihm zu spielen!

SCHULDFÄHIGKEIT ÜBEN

Es ist wahr, dass wir uns in unserem Leben unvermeidlich schuldig machen anderen gegenüber. Der dänische Theologe und Gestalttherapeut Bent Falk erzählt in einem Vortrag ein berührendes Beispiel: Ein junger Mann verlässt seine alleinstehende Mutter und sie wird depressiv. Das Depressivwerden der Mutter aushalten zu müssen ist der Preis, den er für seine gesunde Autonomie als erwachsener Mann zahlen muss. Ein hoher Preis. Und dennoch – was wäre die Alternative gewesen?

Das Leben stellt uns manchmal
vor die Herausforderung,
Entscheidungen zu treffen, über die
unser Umfeld nicht etwa »Hurra« schreit,
sondern mit denen
wir anderen zunächst wehtun.

Meine Klientin Hannah war 37 Jahre alt, als sie mich aufsuchte – eine wunderschöne und äußerst reflektierte Künstlerin. Ihre Mutter, eine wohlhabende Dame, war seit Jahrzehnten Alkoholikerin und neigte zu Übergriffigkeiten aller Art. Hannah rang seit Langem um den richtigen Abstand zu ihr. Nun war ihre Mutter erpicht darauf, Hannahs fünfjährige Tochter in den Ferien für eine Woche bei sich zu haben. Hannah war bei dem Gedanken überhaupt nicht wohl. Sie traute sich jedoch lange Zeit nicht, ihrer Mutter dies direkt zu sagen. Eines Tages brach sie in der Therapie in Tränen aus und sagte: »Ich fühle mich so schuldig meiner Mutter gegenüber, wenn ich sie abweise.«
Darauf erwiderte ich nach einer Weile: »Genau. Das ist der Preis, den Sie zahlen, wenn Sie einen Abstand zu Ihrer Mutter wählen, der für Sie und Ihre Tochter gesund ist.«
Diese Äußerung verblüffte Hannah sehr und sie musste lachen. Wenige Wochen später teilte sie ihrer Mutter am Telefon mit, dass sie einen

solchen Ferienaufenthalt der Tochter nicht wünsche. Sie erlebte dies nicht einmal als großen Schritt, sondern berichtete es ganz beiläufig in der Therapie.
Man sieht wunderbar: Nachdem das Schuldgefühl angenommen und integriert worden war, hatte es seine Macht über Hannah verloren.

YOU CAN'T POLISH SHIT

Wir müssen uns nicht jedes Gefühl schönreden. »You can't polish shit«, sagt Bent Falk auch dazu. Manche Dinge müssen wir einfach akzeptieren als den Preis, den wir zahlen, um unser eigenes Seelenheil zu retten.
Ein gesundes Ausmaß an »Schuldfähigkeit« ist daher unverzichtbar. Denn wir zahlen ebenfalls einen hohen Preis, wenn wir all unser Handeln im Leben nach der Maßgabe ausrichten, bloß niemandem gegenüber schuldig werden zu wollen. Menschen, die es immer allen recht machen wollen, kennen wir alle. Oft sind es Frauen. Das Fatale ist, dass diese

Menschen meist wenig kritikfähig sind. Da jedes »Schuldigwerden« für sie eine unaushaltbare Katastrophe ist, wird auch auf die kleinste Kritik mit größter Verzweiflung reagiert. Das macht es sehr schwer, in einen offenen Dialog zu kommen.

Oft haben diese Menschen in ihrer Kindheit nur für aufopferndes Verhalten liebevolle Zuwendung und Aufmerksamkeit erfahren. Viele von ihnen sind die Ältesten in der Geschwisterreihe gewesen und haben viel zu früh Verantwortung für andere übernehmen müssen. Heute wie damals sind ihre Antennen auf das Wohlbefinden anderer ausgerichtet, und es fällt ihnen schwer, Verantwortung für sich selbst zu übernehmen.

Das aber ist nur möglich, wenn wir lernen, auszuhalten, dass wir zwangsläufig gelegentlich anderen gegenüber »schuldig« werden, sie frustrieren oder enttäuschen müssen, um uns nicht selbst zu überfordern oder zu verleugnen.

Wenn Kollegin Petra sich also in Schuldfähigkeit übt, kann sie sich nächstes Mal leichter überwinden, Kollegin Sabine ihre Überforderung mitzuteilen und um Hilfe zu bitten. Davon wird letztlich nicht nur sie selbst, sondern die Atmosphäre im gesamten Arbeitsteam profitieren.

DER PREIS FÜR DIE FREIHEIT

Überleg doch einmal, ob du eine zusätzliche Aufgabe übernommen hast, die dir eigentlich längst zu viel geworden ist (ein Ehrenamt, ein Freundschaftsdienst, ein Vereins-Engagement etc.).
Ruf eine mit dir gemeinsam verantwortliche Person an und erkläre freundlich, dass du das Amt zum nächstmöglichen Zeitpunkt niederlegen möchtest.
Schließe nach dem Telefongespräch einen Moment die Augen und spür in Ruhe in dich hinein, ob Schuldgefühle aufsteigen.
Atme tief durch, sag dir: »Ich bin stark genug, diese Schuldgefühle auszuhalten. Sie sind

der Preis für die Freiheit, die ich soeben gewonnen habe.«
Die Schuldgefühle werden dich vielleicht immer wieder mal »besuchen«. Je schneller du sie erkennst und je freundlicher, aber bestimmter du ihnen begegnen kannst, desto weniger mächtig werden sie.

··· ÜBUNG ···

»ICH BIN DIE HERRIN DER INSEL«

Meditation für Gelassenheit und innere Ruhe

Wenn ich selbst innerlich unruhig bin und mich von immer wiederkehrenden Sorgen, Grübeleien oder peinigenden Gedanken geplagt fühle, praktiziere ich gerne diese wohltuende Meditation. Du kannst sie abends im Bett ausprobieren oder auch in jeder anderen Situation, in der du kurz zur Ruhe kommen möchtest.

- Stell dir vor, du bist die Herrin/der Herr einer kleinen Insel im Ozean.

- Wolken ziehen über die Insel hinweg. Regenschauer gehen herunter und nässen die Felsen und Urwälder, dann kommt wieder die Sonne heraus. So geht es im ewigen Wechsel. Die Insel bleibt davon ganz unbeeindruckt. Sie liegt seit Jahrtausenden an ihrer Stelle.

- Stürme peitschen hohe Wellen gegen die schroffen Felsen. Den Felsen macht das überhaupt nichts aus. Die Wellen fließen wieder ab.

- Manchmal wollen feindliche Schiffe auf der Insel anlegen. Dann stehst du als Herrin auf und schickst sie fort. *Du* entscheidest, wer deine Insel betreten darf und wer nicht.

- Alle Gedanken, die dir nicht guttun, weil sie dich aufwühlen, dir ein schlechtes Gewissen machen, dich beschweren, identifizierst du als solche Schiffe. Wenn sie kommen, schickst du sie fort, du lässt sie nicht an Land kommen. Du weist sie ab, denn Kriegsschiffe bringen Unruhe und sind auf deiner Insel nicht willkommen!

- Ist das kriegerische Schiff fortgeschickt, genießt du wieder die Wolken, den Regen, die Wellen, die ewige Ruhe.

- Sollten weitere Schiffe kommen, vollziehst du einfach erneut das Fortschicken.

Diese Übung kann dir wunderbar helfen, dich nicht mehr als »Opfer« deiner Gedanken zu fühlen. Sie unterstützt dich darin, *deine Gefühle* durch dich »hindurchlaufen« zu lassen wie die Wolken und die Stürme, in *deine Gedankenwelt* aber bewusst lenkend einzugreifen. Tatsächlich ist es so, dass wir uns unsere Gefühle nicht aussuchen können. Deshalb ist es weise, wenn wir Gefühle kommen und gehen lassen, ohne sinnlos gegen sie anzukämpfen. Wir können sie nicht »fortschicken«, ebenso wenig wie wir den Regen fortschicken können. Aber wir müssen uns auch nicht übermäßig mit ihnen identifizieren. Ich bin nicht der Regen. Ich akzeptiere nur, dass er niedergeht als Teil meiner Innenwelt. Gleichzeitig weiß ich, dass er auch wieder abziehen wird.

Deine Gedanken jedoch kannst du lernen zu lenken. Dazu musst du dich aber zunächst darin üben, dir überhaupt selbst »beim Denken zuzuhören«. Das gelingt am besten, wenn du alleine bist, und am allerbesten in Stille.

Kämpfe nicht gegen Gefühle an,
lass sie durch dich hindurchziehen.
In deine Gedanken jedoch
kannst du lenkend eingreifen.

MIT GUTEM GEWISSEN BERUFSTÄTIG ELTERN SEIN

Man sollte meinen, es sei die normalste Sache der Welt, dass ein erwachsener Mensch sowohl einen Beruf *als auch* Kinder haben kann. Mir ist auch noch von keinem Familienvater zu Ohren gekommen, den man in einem Bewerbungsgespräch besorgt gefragt hätte, ob er sich diese »Doppelbelastung« wirklich zutraue. Nach wie vor geht man selbstverständlich davon aus, die Kinderbetreuung und somit die »Doppelbelastung« sei ein Frauenthema.

Vor allem in West-Deutschland wird mit zweierlei Maß gemessen und es wird den Frauen von vielen Seiten schwer gemacht. Im europäischen Vergleich finden berufstätige Mütter heutzutage fast nirgendwo so schlechte Rahmenbedingungen und geringe Akzeptanz wie hier. Deshalb hat die deutsche Mutter vor allem eines: ein permanentes schlechtes Gewissen. Nina Puri analysiert in ihrem brüllkomischen Buch *Karriere im Eimerchen? Warum Mütter nicht zum Arbeiten kommen* messerscharf, wie schon die Schwangere das schlechte Gewissen eingeimpft bekommt: »Alles kann jetzt verheerende Folgen für das ungeborene Kind haben. Teewurst-Schnittchen verursachen Toxoplasmose. Möhren stören das Wachstum. Zimtkekse fördern Frühwehen. Rohmilchkäse ist die Eintrittskarte zur Fehlgeburt. Spiegelei ist das Tor zur Hölle. Hört das Kind im Mutterleib ›Fettes Brot‹ statt Vivaldi, wird es Werbegrafiker statt Zahnarzt. Schmeckt es Coca-Cola statt Mate-Tee, wird es Hooligan statt Hipster.

Wenn man sich ausmalt, was man schon als werdende Mutter alles falsch machen kann, kriegt man Herzrasen – wovon ich an dieser Stelle allerdings dringend abrate, denn Herzrasen kann beim Kind zu Neurosen führen. Ebenso übrigens wie Ärger, Frustration, Nervosität oder Traurigkeit. ›Neurochemische Informationen an das Ungeborene‹ nennen Psychologen es, wenn schon ein mütterlicher Seufzer zur Folge haben kann, dass für das Kind Hopfen und Malz verloren ist.«

Da wir als Schwangere also bereits ein schlechtes Gewissen haben müssen, wenn wir weiterhin ganz normale Menschen mit ganz normalen Grundgefühlen sind, statt uns fortan zu entrückten Mutter-Glücksgöttinnen zu transformieren, was dann erst, wenn wir auch noch einer ganz normalen Berufstätigkeit nachgehen möchten? Unvorstellbar, was wir dem Nachwuchs da zumuten. Oder? Glücklicherweise gehen die Meinungen da zumindest auseinander, auch innerhalb Deutschlands. Grenzt die Berufstätigkeit einer bayerischen Mutter in den Augen ihres Umfeldes noch immer an grob fahrlässige Kindeswohl-Gefährdung, kann ihre brandenburgische Kollegin mit größter Selbstverständlichkeit zur Arbeit gehen.

Meine Freundin Laura betritt in Bielefeld mit ihrem knapp Zweijährigen morgens eine Bäckerei, um ihm noch ein Brötchen für den Kindergarten zu kaufen. Sagt die Bäckerin seufzend: »Das arme Kleine. Muss in dem Alter schon in den Kindergarten.« Zwei Stunden später die gleiche Situation im Osten von Berlin: Die Bäckerin schaut mein Kind interessiert an und fragt: »Na? Wieso bist du denn gar nicht im Kindergarten?! Bist du krank?«
In den ehemaligen Ost-Bundesländern finden die Leute es auffällig, wenn ein Zweijähriges am Vormittag nicht im Kindergarten ist.
Mir, die ich im Westen aufgewachsen bin mit einer nie berufstätigen Mutter, tat diese Reaktion unglaublich gut. Erst als ich persönlich

die Selbstverständlichkeit erlebte, mit der man in Ost-Deutschland die Berufstätigkeit von Frauen behandelt, wurde mir bewusst, wie albern das schlechte Gewissen war, das ich mit mir herumgeschleppt hatte. Mein Sohn fühlte sich außerordentlich wohl in seinem Kindergarten und rief fast jedes Mal, wenn ich ihn um 15:30 Uhr abholte: »Och Mama, wieso bist du denn schon da?! Ich spiel doch gerade noch so schön!«

LERNE, DIE LIEBE DEINES KINDES ZU TEILEN!

Manchmal machen wir Mütter uns auch selbst das Leben schwer. Zum Beispiel, indem wir den Kindsvätern von Beginn an signalisieren: »Du bist ja nur ein Elternteil zweiter Klasse. Ich als Mutter bin letztlich *immer* wichtiger.« Dies erweist sich – welch Wunder – als mächtige Selffullfilling Prophecy. Die Männer trauen sich dann nichts zu, wachsen nicht in die neuen Aufgaben hinein und entwickeln kein Selbstbewusstsein als Vater. Also wirken sie auf die Kinder auch weniger vertrauenswürdig. Dabei geht es auch anders – und zwar ganz leicht. Wenn der Vater von Geburt an als kompetentes und voll verantwortliches Elternteil angesehen wird und agiert, wird er das auch weiterhin bleiben. Es existiert kein weibliches »Windeln wechseln und Fläschchen geben«-Gen. Muttermilch kann auch abgepumpt und vom Vater gegeben werden. Männer können genauso einfühlsam, kontaktfähig und ansprechbar sein für ihr Kind, wie Frauen es können. Falls jemand daran zweifelt, soll er (oder sie) mit einem der vielen Väter sprechen, die Elternzeit genommen und ihr kleines Kind betreut haben. Zu Recht sind diese Männer empört darüber, dass rückständige »Frauen zurück an den heimischen Herd«-Politiker/innen ihnen entsprechende Befähigungen absprechen. Aber auch so mancher Frau fällt es eben schwer, zu akzeptieren, dass sie am heimischen Wickeltisch sehr wohl ersetzbar ist. Obwohl die

Erfahrung, ersetzbar zu sein, ja durchaus befreiend wirken kann.

Maren, 38, berufstätige Mutter von drei Kindern, formuliert es so: »Für mich war das eine ganz tolle Erfahrung, zu spüren, dass die Kindergärtnerinnen mein Kind auch wirklich lieb haben. Dass da jetzt noch mehr Menschen dazugekommen sind außer meinem Mann und mir, die sich täglich um unser Kind Gedanken machen und eine Beziehung zu ihm haben, eine Bindung.« Pädagogik und Psychologie wissen es seit Langem: Unseren Kindern tut es gut, zu mehreren verschiedenen Menschen eine Beziehung zu haben. Nicht umsonst sagt ein afrikanisches Sprichwort: »Es braucht ein ganzes Dorf, ein Kind zu erziehen.«
Du tust deinem Kind also etwas Gutes, wenn du es nicht alleine zu Hause erziehst (mit Partner/in oder ohne), sondern ihm auch tägliche Begegnungen und stabile Bindungen mit anderen Erwachsenen und Kindern ermöglichst.

Davon abgesehen gilt, dass glückliche Eltern üblicherweise auch glückliche Kinder haben. Die Strategie des »Sichaufopferns für die Kinder« hat noch nie gut funktioniert. Dabei sind bloß jede Menge depressive Mütter herausgekommen. Wenn du wirklich Lust hast, eine Vollzeitmutter zu sein, dann mach es. Wenn es dich aber unzufrieden macht, lerne lieber, anderen Menschen dein Kind anvertrauen zu können und geh arbeiten. Damit tust du allen Seiten den größeren Gefallen.

ALTE KRÄNKUNGEN ANERKENNEN

Sich schmerzlichen Erfahrungen aus der eigenen Lebensgeschichte zuzuwenden, ist nicht unbedingt angenehm. Doch wenn du es mit offenem Herzen und Mitgefühl für dich selbst tust, ist es, als kommt endlich Luft an eine alte Wunde, sodass sie leichter heilen kann.

Seit ich als Psychotherapeutin arbeite, begegnen mir unglaublich oft Geschichten von Mobbing-Erfahrungen in der Jugend. Es sind Geschichten tiefster Kränkungen. Meine Klientinnen und Klienten erzählen, wie sie als Jugendliche ausgeschlossen, verhöhnt und gedemütigt wurden. Wie hilflos sie sich fühlten, und immer: wie alleine. In keinem der mir bekannten Fälle hat ein Erwachsener auf kompetente Weise eingegriffen. Die 13- bis 16-jährigen Mädchen und Jungen waren mit ihrem Schmerz ganz allein. Wenn sie Glück hatten, fanden sie irgendwann Kontakt zu Gleichaltrigen, mit denen sie sich verbünden konnten. Wenn nicht, zogen sie sich komplett in sich zurück, manche fixierten sich auf ihre schulischen Leistungen und wurden »Streber«. Viele der erwachsenen Menschen, die nun zu mir in die Therapie kommen, tragen diese Verletzungen noch immer ungeheilt mit sich herum. Sie haben große Ängste, erleben sich als »Einzelkämpfer«, und vor allem: Sie sind gnadenlose Perfektionisten. Das ist das Muster, das sie verinnerlicht haben: Ich bin unabhängig von anderen, ich kann alles alleine, ich lasse mich nie mehr so kränken von anderen, lieber vertraue ich keinem.

Heike, 29 Jahre, kam während ihres Referendariats zu mir in die Therapie. Sie fühlte sich dem Außendruck der Lehrerausbildung am Gymnasium kaum noch gewachsen, schlief schlecht und kam innerlich nicht mehr zur Ruhe. Sie erlebte das ständige Kontrolliert- und Bewertetwerden ihrer Leistungen als Lehrerin durch Schüler, Mentorinnen und Schulleitung als äußerst quälend.
Die Gespräche machten immer deutlicher, was für existenzielle Versagensängste in Heike angerührt wurden. In ihrer Wahrnehmung war sie nämlich schon einmal in der Schule »gescheitert«: Sie war die ungeliebte, verachtete Außenseiterin gewesen. Tief in ihr lebte die Scham weiter, nicht reich und schön und klug genug, nicht

akzeptabel zu sein. Die anderen Mädchen in Heikes Klasse kamen damals aus »heilen« Familien, wo die Eltern Akademiker waren. Heikes Stiefvater dagegen war »nur« ein rühriger Selfmademan, man verachtete ihn als ungebildeten Neureichen. Und so steckte Heike noch immer die Angst in den Knochen, plötzlich »aufzufliegen«. Sie fürchtete, wenn die anderen zu genau hinsehen, dann wird sie wieder Verachtung und Demütigung erfahren. Dann wird offenbar, dass sie doch »in Wirklichkeit« ein verachtenswertes Mädchen ist.

Als Heike dies in der Therapie bewusst wurde, weinte sie sehr. Dieses Weinen war wichtig. Es war Ausdruck von Heikes tiefem Mitgefühl mit dem ausgelieferten Teenager, der sie damals war. Gleichzeitig sah sie jetzt, dass es in keiner Weise ihre »Schuld« gewesen war, wenn ihre Mitschülerinnen sie ausgeschlossen und gedemütigt hatten.

Danach veränderte sich Heikes Sichtweise auf diesen schweren Teil ihrer Geschichte. Sie empfand großen Respekt vor ihrem Stiefvater und konnte sich mit ihm identifizieren. Außerdem erinnerte sie sich, wie sie den Mitschülerinnen von damals Jahre später bei einem Klassentreffen begegnet war – und diese heute als reichlich langweilig und stinknormal empfunden hatte.

Heike hat ihre Kränkung anerkannt und integriert – sie hat die »alten Gespenster« entmachtet, sodass sich ihre Ängste nicht mehr aufblähten wie Flaschengeister. Das half ihr sehr. Ihr Perfektionismus schrumpfte auf ein erträgliches Ausmaß und sie sah den diversen Prüfungssituationen nun mit realistischer Gelassenheit entgegen.

MITGEFÜHL ENTWICKELN MIT SICH SELBST

Von Heike können wir lernen, wie wichtig es ist, nicht nur mit unserem aktuellen, erwachsenen Ich Mitgefühl zu haben, sondern auch mit all unseren vergangenen Ichs. Viele von uns haben als Kinder, Jugendliche oder junge Erwachsene schmerzhafte Kränkungen erfahren. Damit diese abheilen können, ist es unendlich hilfreich, sich im Geiste noch einmal zu diesem jüngeren Ich setzen zu können, seine Hand zu nehmen und seine Ohnmacht, Verzweiflung und Trauer einfach anzuerkennen, ohne irgendetwas schönreden zu wollen.

In solchen Momenten gelingt es,
sich selbst eine gute Mutter
beziehungsweise ein guter Vater zu sein.
Etwas Heilsameres gibt es kaum.

··· ÜBUNG ···

DEINEM »INNEREN TEENAGER« UNTERSTÜTZUNG GEBEN

Kontakt aufnehmen mit alten Kränkungen

Als Therapeutin biete ich manchmal eine gedankliche Übung an, angelehnt an das »Innere Team« von Friedemann Schulz von Thun. Man kann sie auch sehr gut für sich alleine machen, sie wirkt oft tröstend und stabilisierend.

Dabei kannst du dir vorstellen, dass dein jetziges Ich aus einem Team von inneren Personen besteht, die unterschiedliche Eigenheiten, Impulse, Bedürfnisse und Interessen haben.
Oft gehören zu diesem »inneren Team« auch ein Kind und ein Teenager. Aber auch erwachsene Teile, beispielsweise eine lustbetonte Abenteurerin, eine ehrgeizige Kämpferin, eine weise, ältere

Beraterin und eine liebevolle (oder auch strenge!) Mutter. Gerade das innere Kind ist oft sehr schutzbedürftig, vielleicht auch traurig. Und der Teenager kann enorm verzweifelt sein, bis hin zu Selbstmordgedanken. Stell dir nun vor, wie die erwachseneren Teile in deinem inneren Team diesen Teenager aufs Sofa setzen, liebevoll in eine Wolldecke hüllen und ihm einen Kakao reichen. Sie nehmen seine Verzweiflung ernst, signalisieren aber auch: Wir sind jetzt da, um die Verantwortung zu übernehmen.
Diese gedankliche Übung ist eine sehr effektive Hilfe gegen Momente überbordender »Teenager-Verzweiflung«. Sie macht dir sofort deutlich, dass es im Hier und Jetzt diese Verzweiflung gibt *und* auch Sicherheit und Schutz.

Falls du früher auch Mobbing-Erfahrungen gemacht hast, dann erzähl jemandem davon, was damals genau passiert ist. Einer guten Freundin, deinem Partner, wem auch immer du zutraust, sich dies einfach nur mitfühlend anzuhören. Falls da gerade niemand ist, beschreib die Erfahrungen und die Gefühle, die du damals hattest, in deinem Tagebuch. Solltest du den Eindruck haben, die Erinnerungen überfordern dich, such dir eine Therapeutin, einen Coach oder Seelsorger als Begleitung.

ZURÜCKFINDEN ZUR EIGENEN BEWEGUNGSFREUDE

Ich kenne zwei Allheilmittel: Schlaf und Bewegung. Wenn ich körperlich angegriffen bin, sehr erschöpft oder in Trauer, dann schlafe ich. In allen anderen Fällen ziehe ich Jogginghose und Turnschuhe an und gehe in den Park. Fast jeden Tag.

Dort renne ich nicht etwa. Ich gehe einfach nur in einem angenehmen, zügigen Tempo. Neuerdings kann man das auch »Walking«

nennen. Ungefähr eine Stunde und 15 Minuten dauert meine Runde. Danach fühle ich mich besser, immer, ausnahmslos. Egal wie bedrückt, ängstlich, nervös, angespannt, überfordert oder sonst was ich mich vorher gefühlt habe.
Ich fühle mich hinterher besser.
Während ich gehe, denke ich an gar nichts. Ich vermeide das Denken aber auch nicht, ich lasse die Gedanken einfach so kommen und gehen. Wenn ich merke, dass ein Gedanke mich zu sehr anstrengt, richte ich meine Aufmerksamkeit auf die Geräusche um mich. Das Knirschen meiner Schuhe auf dem Sandweg. Das Zwitschern der Vögel, das Rascheln der Blätter. Und ich gehe, gehe, gehe. Jedes Mal die gleiche Strecke.
Ich denke nicht nach, ich gehe einfach weiter.
Oft lösen sich scheinbar unlösbare Probleme während des Gehens. Sie lösen sich einfach von selbst in meinem Kopf. Während ich an nichts denke. Ich weiß dann plötzlich, was zu tun ist.
In seltenen Fällen werden auch große Gefühle spürbar. Es ist schon vorgekommen, dass ich

mich zwischendurch unter einen Baum gesetzt und geweint habe, eine ganze Weile. Und auch das hilft mir. Es zeigt mir, was gefühlt werden muss, auch wenn es schwer ist. Nach dem Weinen stehe ich auf und gehe weiter.

Ich setze mich beim Gehen niemals unter Druck. Wenn ich mich müde fühle, gehe ich langsamer oder kürze die Runde ab. Meine Aufmerksamkeit gilt meinem Wohlgefühl. Ich genieße die Bewegung an der frischen Luft, spüre das Gehen ganz bewusst als angenehme Tätigkeit. Ich achte niemals auf die Zeit und plane deshalb immer mindestens eine Viertelstunde Puffer ein, falls ich langsamer gehen möchte.

Seit sieben Jahren praktiziere ich dieses simple Parkrunden-Ritual. Und so bin ich schon im wahrsten Sinne des Wortes durch so manche Krise »gegangen«. Ich erinnere mich an einen abendlichen Anruf, der mir eine katastrophale Nachricht bescherte. In dem Moment, als ich fast durchdrehte vor Schmerz, dachte ich

plötzlich: Und morgen früh gehst du auf Parkrunde. Und sofort beruhigte ich mich innerlich. Es war wie ein Anker, der mich gedanklich verband mit dem heilsamen Gefühl des »Weitergehens« – und ebenso mit inneren Bildern der Natur, die mich auf diesen Geh-Runden umgibt. Riesige alte Bäume, weite Wiesen, kleine Wäldchen, glitzernde Wasserläufe.
Nicht für alle Menschen muss es das Gehen sein. Andere setzen sich auf ihr Fahrrad, klettern in ihr Kanu, gehen Schwimmen, zum Yoga oder Tanzen. Wieder andere lieben es, sich bei schnelleren Sportarten auszutoben. Was du genau in Bewegung tust, ist gar nicht so wichtig. Wichtig ist, dass es dir Freude bereitet, während du es tust. Dann nämlich kommen Gedanken und Gefühle zur Ruhe und du kannst eintauchen in dein Körpergefühl. Dann *bist* du einfach. Es gibt kein besseres Mittel gegen Stress. Dieses Wohlgefühl raubst du dir, wenn du anfängst, die Bewegung einem Leistungskodex zu unterwerfen. Dann wird der Körper plötzlich

zum Feind, der gegängelt, kontrolliert und gequält werden muss, um angemessene Leistungen zu erbringen. Das ist das, was viele Menschen leider unter »Sport« verstehen. So haben sie es als Kinder im Schulsport kennengelernt – und verständlicherweise hassen sie es. Viele Menschen, die als Erwachsene ihre natürliche Freude an der Bewegung nicht mehr spüren können, sind in ihrer Kindheit dem eigenen Körper durch leistungssportlichen Drill brutal entfremdet worden.

Auch mein eigener Weg zurück zur Bewegungsfreude war lang. Als Kind wurde ich für einige Zeit zum Besuch eines Turnvereins gezwungen, wo ich permanent Dinge tun sollte, vor denen ich Angst hatte. Ich hasste diese Torturen und verstand mich fortan als »unsportliches« Mädchen. Obwohl ich auf die höchsten Bäume kletterte, stundenlang auf Rollschuhen durch die Gegend sauste und mich mit den Jungs im Ringkampf übte, dachte ich meine ganze Kindheit und Jugend hindurch, ich sei schrecklich unsportlich. Weil mir die Quälerei in Turnverein und Schulsport so zuwider war. Ich erlebte alles, was dort passierte, als Demütigung, als Beweis meiner Unzulänglichkeit. Erst als junge Frau entdeckte ich zufällig das Tanzen für mich. Und mir wurde klar: Ich kann mich sehr wohl bewegen – und es macht sogar *Spaß!*

»Um anzufangen,
fange an.«

William Wordsworth

Noch immer erfüllt es mich mit größtem Glück, wenn Menschen in meinen Workshops plötzlich nach und nach zu ihrer Bewegungsfreude zurückfinden. Wenn sie irgendwann lachend den Kopf schütteln und sagen: So hab ich mich noch nie bewegt! Unglaublich, dass ich das kann! Es ist gar nicht schwer! Ich muss es ja einfach bloß machen!

BEWEGUNG WIRKT AUF VIELEN EBENEN

Neben der geistigen und seelischen Entspannung, zu der Bewegung führt, hat sie natürlich zahllose positive Effekte direkt auf unseren Körper. Der Stoffwechsel wird angeregt, die Atmung wird tiefer, die Haut durchblutet, die Muskulatur kräftigt sich, Bänder und Gelenke bleiben geschmeidig. Wir schmelzen beschwerendes Übergewicht ab und fühlen uns wohler in unserer Haut. So macht Bewegung auch schön, in jedem Alter. Eine Schönheit, die im wahrsten Sinne des Wortes von innen kommt. Ein Mensch, der sich in seinem Körper wohl fühlt, strahlt natürliche Gelassenheit aus. Nichts ist attraktiver!

Das Körpergewicht an sich ist übrigens für das Erleben von Bewegungsfreude völlig irrelevant. Ich hatte als Studentin eine hervorragende junge Tanzlehrerin mit stattlichen Rundungen. Eine atemberaubend vitale und schöne Frau! Auch in meinen Workshops erlebe ich häufig,

wie gerade Frauen, deren Körper in keiner Weise Model-Maße aufweist, die hingabefähigsten und kraftvollsten Tänzerinnen sein können. Sie sprühen nur so vor Bewegungsfreude – wenn sie es sich zugestehen, diese endlich wieder zu genießen.
Leider ist das Selbstbewusstsein vieler fülligerer Menschen schon so tief beschädigt, dass sie sich gar nicht mehr zutrauen, sich noch »öffentlich« in Bewegung zu zeigen. Was für ein Jammer. Jeder Mensch, der sich freudig bewegt, hat eine wunderschöne Ausstrahlung! Auf einem Tanzkongress erlebte ich neulich die Vorführung einer Rollstuhl-Tanzgruppe: was für ein Körpergefühl, was für eine Lebensfreude!

Jeder fröhlich
bewegte Mensch
ist schön.

INNERLICH BEWEGLICH BLEIBEN

Über den Aspekt der unmittelbar erlebten Bewegungsfreude hinaus gibt es auch einen direkten Zusammenhang von der körperlichen zur geistigen, emotionalen und sozialen »Beweglichkeit« in unserem Leben. Die Bremer Gesundheitsforscherin Annelie Keil beschreibt es so: »Die Suche nach einem sicheren Platz zum Sitzen ist die zentrale Bewegung im Leben vieler Menschen – und dort bleiben sie dann auch beharrlich auf der Stelle sitzen: in ihren Wohnungen, bei ihren Ärzten, auf ihren bewegungslosen Beziehungen, auf ihrem Eigenheim und Geld. (…) Haben Körper, Seele und Geist die entsprechende Starrheit erreicht, wird jede Bewegung schmerzvoll. Die Dinge werden in täglicher Routine erledigt – die Fähigkeit, den spontanen Bewegungen des Lebens zu folgen, erlahmt.«
Abschreckende Vorstellung, oder? Beweg dich doch lieber *jetzt* schon mal!

»I LIKE TO MOVE IT, MOVE IT«

- » Welche bewegten Aktivitäten machen dir Spaß? Was hat dir als Kind/Jugendliche Spaß gemacht?

- » Beginne nach und nach, Bewegung bewusster zu genießen und aktiver zu suchen. Deine Tochter möchte eine Runde Frisbee mit dir spielen? Warum nicht? Du hast Lust auf einen Abendspaziergang? Nur zu! Du könntest mal wieder mit dem Fahrrad fahren? Prima!

- » Wenn du dazu neigst, Bewegung zur sportlichen Erfolgserbringung zu degradieren, versuch für eine Weile, auf jede Art der quantitativen »Leistungsmessung« zu verzichten, und konzentrier dich stattdessen darauf, wie sich die Bewegung im Hier und Jetzt in deinem Körper anfühlt. Ist das angenehm, was du da tust? Wenn nicht, versuche die Bewegungen so zu verändern, dass du sie wirklich genießen und dabei gedanklich abschalten kannst.

» Finde eine bewegte Aktivität, die dir besonders guttut, die du leicht in deinen Tages- bzw. Wochenrhythmus integrieren kannst. Das wird dir helfen, dich nicht jedes Mal von neuem »aufraffen« zu müssen. Dann wird dein Bewegungsritual schon bald zur lieben Gewohnheit, auf die du nicht mehr verzichten möchtest.

UM HILFE BITTEN

Für einige Menschen ist es die simpelste Sache der Welt: einen Mitmenschen um Hilfe bitten. Aber für manch anderen ist genau das eine der schwierigsten Herausforderungen überhaupt.

Gerade für Männer und Frauen, die aus sehr leistungsorientierten, perfektionistischen Elternhäusern kommen, kann es eine schier unüberwindliche Hürde sein, jemand anderem die eigene Bedürftigkeit offenzulegen. Selbst in

Situationen äußerster Ohnmacht und Überforderung kämpfen viele Menschen noch mit dem Bemühen, alles alleine schaffen zu wollen. Dahinter stecken gar nicht unbedingt Eitelkeit oder der mangelnde Wille, eine Schwäche einzugestehen. Vielmehr verbirgt sich dahinter oft die Angst vor Zurückweisung. Perfektionistische Menschen haben große Bedenken, ihren Mitmenschen zu sehr zur Last zu fallen, wenn sie sie um etwas bitten, und befürchten, von diesen dann nicht mehr gemocht und respektiert zu werden.

In der folgenden Geschichte, einer Parabel aus Paul Watzlawicks Klassiker *Anleitung zum Unglücklichsein,* erzählt der Autor auf humoristische Weise von einem Mann, der sich gerne von seinem Nachbarn einen Hammer ausleihen würde. Dann aber steigert er sich so sehr in die Vorstellung hinein, dass der Mann ihm den Gefallen verweigern könnte, dass er schließlich wutentbrannt zum Nachbarn rennt und diesen anschreit.

DIE GESCHICHTE MIT DEM HAMMER

»Ein Mann will ein Bild aufhängen. Den Nagel hat er, nicht aber den Hammer. Der Nachbar hat einen. Also beschließt unser Mann, hinüberzugehen und ihn auszuborgen. Doch da kommt ihm ein Zweifel: Was, wenn der Nachbar mir den Hammer nicht leihen will? Gestern schon grüßte er mich nur so flüchtig. Vielleicht war er in Eile. Aber vielleicht war die Eile nur vorgeschützt, und er hat etwas gegen mich. Und was? Ich habe ihm nichts angetan; der bildet sich da etwas ein. Wenn jemand von mir ein Werkzeug borgen wollte, ich gäbe es ihm sofort. Und warum er nicht? Wie kann man einem Mitmenschen einen so einfachen Gefallen abschlagen? Leute wie dieser Kerl vergiften einem das Leben. Und dann bildet er sich noch ein, ich sei auf ihn angewiesen. Bloß weil er einen Hammer hat. Jetzt reicht's mir wirklich. – Und so stürmt er hinüber, läutet, der Nachbar öffnet, doch noch bevor er ›Guten Tag‹ sagen kann, schreit

ihn unser Mann an: ›Behalten Sie sich Ihren Hammer, Sie Rüpel!‹«
Paul Watzlawick

In nicht wenigen Fällen beruhen solche quälenden Fantasien vom Zur-Last-Fallen und Abgewiesenwerden auf schmerzhaften Kindheitserfahrungen.

Markus, 44, wuchs mit einem depressiven Vater auf. Wenn es dem Vater schlecht ging, mussten Markus und sein kleiner Bruder wochenlang auf Zehenspitzen durch das Haus schleichen. Ihre Anwesenheit war eine Zumutung für den Vater, beim kleinsten Lärm ließ die Mutter die Jungen das durch strafendes Schweigen und Liebesentzug deutlich spüren.
Als erwachsener Mann achtet Markus peinlichst darauf, niemandem durch seine Bedürfnisse zur Last zu fallen. Er arbeitet Vollzeit, teilt sich mit seiner ebenfalls berufstätigen Frau Haushalt und Kinderbetreuung und erledigt

sämtliche Reparaturen im Haus sowie die Pflege des großen Gartens selbst. Eigene Hobbys oder Freundschaften hat er nicht. Bis er eines Tages selbst in eine depressive Episode rutscht.

Da erst lernt Markus seine Grenzen erkennen und respektieren. Er lernt, dass er nicht immer nur derjenige sein kann und will, der anderen hilft. Sondern dass er auch jemand sein kann und will, der Hilfe von anderen braucht – und diese auch erbitten und annehmen kann. Er fängt an, wieder eigene Männerfreundschaften zu pflegen. Wenn es Markus jetzt mal nicht gut geht, ruft er seinen Freund an und fragt, ob der sich in den nächsten Tagen mit ihm auf ein Bierchen treffen kann. Dann quatscht er sich aus und es geht ihm besser hinterher.

Auch dies ist nur möglich geworden, weil Markus sich zugestanden hat, neue Erfahrungen zu machen. Er hat nach und nach gemerkt, dass sich seine Mitmenschen keineswegs von ihm abwenden, wenn er sich ihnen hilfsbedürftig zeigt. Sondern dass sie sich freuen, wenn sie ihm auch einmal helfen können.

Jemanden, der dich noch nie wirklich gebraucht hat, wirst du schwerlich jemals als wirkliche Freundin, als wirklichen Freund empfinden.

Genau da trennt sich nämlich die Spreu vom Weizen: Diejenigen Nachbarinnen und Nachbarn zum Beispiel, die immer hinter ihrer perfekten Fassade bleiben, bleiben Bekannte. Diejenigen, die eines Tages heulend vor unserer Tür stehen, weil ihr Kind die dritte Nacht hintereinander fiebert, ihre Waschmaschine ausgelaufen ist oder ihr Partner gerade überraschend auszieht, die werden unsere Freundinnen und Freunde.
Na ja, gut, manchmal reicht es auch, wenn sie sich eine fehlende Zwiebel für ihr Abendessen ausleihen möchten – und wir ins Gespräch kommen.

ZEIG ANDEREN, WER DU WIRKLICH BIST

»Wechselseitige Selbstoffenbarung« nennt die Sozialpsychologie diesen Prozess der Annäherung. Er spielt für die Entstehung und Vertiefung aller sozialen Beziehungen eine wichtige Rolle, egal ob Freundschaften, Arbeitsbeziehungen oder Liebesbeziehungen. Nur wer sich auch in einem gewissen Maße »unperfekt« zeigen kann, also verletzlich und hilfsbedürftig, dessen Kontakte vertiefen und intensivieren sich. Denn Selbstoffenbarung geschieht nur Zug um Zug und wechselseitig. Wenn du selbst deiner Kollegin Bettina von einem schrecklichen Streit mit deinen Schwiegereltern erzählst, Bettina dir aber weiterhin nur ihre immer schönen zuckersüßen Familienausflüge schildert, wirst du ihr nicht noch einmal etwas so Persönliches erzählen. Wenn sie dir aber auch gesteht, wie überfordert sie sich am Wochenende manchmal mit ihrer überdrehten Dreijährigen gefühlt hat, werden die Gespräche langsam aufrichtiger.

So funktioniert die wechselseitige Selbstoffenbarung. Manchmal führt sie zu guten Gesprächen, manchmal sogar zu konkreten Hilfsangeboten.

Interessanterweise sind gerade die hilfsbedürftigsten Menschen oft die, die am verzweifeltsten die Fassade der Perfektion und des ungetrübten Glücks aufrechterhalten. So zum Beispiel frisch gebackene Eltern. Das Baby schreit nachts stundenlang, sie sind völlig übermüdet, überfordert und ständig in Angst, etwas falsch zu machen oder bereits falsch gemacht zu haben. Sie fühlen sich alleine und auf einem fremden Stern ausgesetzt mit diesem kleinen Wesen, das nichts tut außer schlafen, trinken, kacken und schreien. Sie lieben es verzweifelt, verausgaben sich völlig und wissen nie, ob das, was sie da tun, auch im Entferntesten gut genug ist.

Man sollte meinen: Mehr Anlass, sich Hilfe zu holen, kann es gar nicht geben. Und passiert das? Nein. Junge Eltern igeln sich oft völlig ein und tun alles, um ihr Überfordertsein zu verbergen. Sie schämen sich zu Tode für ihre Abgespanntheit und bemühen sich krampfhaft, den strahlenden Glanz des Babyglücks nach außen aufrechtzuerhalten. Genau damit ruinieren sie in dieser Zeit oft ihre Freundschaften, wie Judith Luig in ihrem Buch *Und jetzt alle noch mal aufs Klo: Wie meine beste Freundin Mutter wurde* ebenso amüsant wie bedrückend schildert. Dabei läge das Gegenteil so nahe, und auch das erzählt Luig in einem berührenden Beispiel: als die junge Mutter eines Tages plötzlich anruft, weinend vor Zahnschmerzen, und die Freundin um Hilfe bittet, damit sie zum Zahnarzt fahren kann. Die Freundin darf also endlich mal das Baby hüten und schließt das kleine Wesen glühend ins Herz. »Warum nicht gleich so?!«, denkt die Leserin.

» Wann hat dich zum letzten Mal jemand um Hilfe gebeten – und wer?

» Überlege dir, wie du dich »revanchieren« kannst, indem du diese Person auch einmal um Hilfe bittest – und diese Hilfe auch dankbar annimmst!

» Es stärkt deine sozialen Beziehungen, wenn du dich auch einmal hilfebedürftig zeigen kannst. So gibst du anderen Menschen die Gelegenheit, Gutes zu tun. Ebenso, wie du selbst dich freust, wenn du jemandem helfen kannst, freuen sich auch die anderen, wenn sie dir helfen können.

Freundschaften »ernähren« sich
von dem Eingeständnis,
sich gegenseitig zu brauchen.

SELBSTSICHERES VERHALTEN AUSPROBIEREN

Es kann so erfrischend sein, sich mal zu wehren! Gelegenheiten gibt es im Alltag ja genug.

Einmal wollte ich im Baumarkt ein speziell zugeschnittenes Regalbrett samt Halterungen kaufen. Der Fachmann in der Holzabteilung stellte mir dazu Fragen in einem mir komplett unverständlichen Handwerker-Fachchinesisch, sodass ich schließlich völlig verwirrt und den Tränen nah war. Immer, wenn ich zurückfragte,

wiederholte er augenrollend dasselbe. Da erinnerte ich mich plötzlich an mein Seminar »Selbstsicherheitstraining« im Psychologiestudium. Ich holte tief Luft und sagte: »Entschuldigung, ich stelle Ihnen diese Fragen nicht, um Sie zu ärgern, sondern weil ich Sie wirklich nicht verstehe. Ich wäre Ihnen sehr dankbar, wenn Sie mich auch dementsprechend behandeln würden.« Und siehe da, plötzlich klappte die Kommunikation, ich bekam mein Brett zugeschnitten und ausgehändigt. Dazu hatte ich kein bisschen aggressiv oder gar beleidigend werden müssen.
Selbstsicheres Verhalten hat oft damit zu tun, zur eigenen Unwissenheit zu stehen – und sich gleichzeitig zu verbitten, deshalb herablassend behandelt zu werden.

Ein Freund von mir hatte einmal ein neues Bett in einem renommierten Möbelhaus bestellt und für Lieferung und Montage bereits bezahlt. Als die Spediteure eintrafen, stellten sie ihm ein

Dutzend Pappschachteln in den Flur und wollten wieder gehen. Auf seine Frage nach dem Aufbau erwiderten sie in schönstem Berlinerisch: »Also dit können Se ja wohl grad noch selber machen!« Der Freund erwiderte geistesgegenwärtig: »Nee, dit kann ick nich! Und will ick och nich!« Vorbildlich selbstsicher! Flugs bauten die Spediteure das Bett zusammen – wie vereinbart und bezahlt.

SAG, WAS DU WILLST

Gerade wir Frauen können uns mit ein wenig mehr Selbstsicherheit im Auftreten das Leben oft wesentlich leichter machen. So ist es zum Beispiel im beruflichen Kontext noch immer weit verbreitet, dass Männer Frauen beim Sprechen unterbrechen – während Frauen dies umgekehrt fast nie tun. Empirische Studien belegen es einwandfrei. Gegen solches missliches Mundtot-gemacht-Werden kannst du dich sehr effektiv wehren, indem du es sofort höflich ansprichst: »Entschuldigung, würden Sie mich

bitte ausreden lassen? Ich möchte diesen Gedanken gerne noch zu Ende führen.« Du kannst dir sicher sein, dass man dich künftig nicht mehr so leichtfertig unterbricht. Gut, vielleicht riskierst du, dass dich der ein oder andere Kollege jetzt »zickig« oder gar »unweiblich« findet. Aber ganz im Ernst: Ist es das nicht wert?!
Wenn du im Berufsleben mehr Spaß haben möchtest, wird dich selbstsicheres Verhalten perfekt dabei unterstützen. Denn nur so wirst du dich trauen, dir genau jene Aufgaben an Land zu ziehen, die dich interessieren und herausfordern.

Laura, 34, Abteilungsleiterin, berichtet: »Drei Leute aus unserer Firma fliegen jedes Jahr nach London zu einer Fachtagung. Immer waren es drei Männer. Als zwei davon in Pension gingen, waren sofort zwei neue Männer am Start, die stattdessen fliegen wollten. Da sagte ich: Stopp. Ich möchte auch fliegen. Ich sagte ganz offen, dass mir wichtig schiene, dass ab jetzt auch eine

Frau dabei ist, und ich außerdem möchte, dass meine Abteilung da repräsentiert ist. Tatsächlich wurde meine Teilnahme sofort genehmigt. Es war viel leichter, als ich dachte. Ich hatte mich nur vorher nie getraut, so selbstbewusst dieses ›Privileg‹ zu fordern.«

Laura ist hinterher überrascht, wie leicht es war, das zu bekommen, was sie wollte. Viele Menschen stellen irgendwann fest, dass sie selbstsicheres Auftreten sehr wohl in ihrem Verhaltensrepertoire haben: Sie trauen sich nur viel zu selten, es zu nutzen. Aus Angst, unangenehm aufzufallen geben sie sich nicht die innere Erlaubnis, für eine faire Behandlung einzutreten. Das ist sehr schade, weil sie es dadurch unnötig schwer haben, sich gegen Unrecht zur Wehr zu setzen. Manchmal gehört es zum selbstsicheren Verhalten, andere um Hilfe zu bitten. Wir können nicht alles alleine regeln, manchmal brauchen wir eine Person, die mithilfe ihrer Autorität unsere Rechte durchsetzt.

So war eine der im universitären Selbstsicherheitstraining durchgespielten »Standardsituationen«, dass jemand im vollen Zug seinen reservierten Platz einnehmen möchte, der dort bereits sitzende junge Mann sich aber weigert aufzustehen. Lustigerweise erlebe ich diese Szene so ähnlich immer wieder, da ich berufsbedingt viel Zug fahre. Kürzlich in der Variante, dass ein muskulöser, stark tätowierter Deutscher den Platz nicht für einen schmächtigen Asiaten freigeben wollte, der kein Deutsch sprach, aber eine gültige Platzreservierung hatte. Ich blieb einfach so lange neben dem schmalen Herrn stehen und ermutigte ihn, bis der Schaffner die Situation gelöst und den renitenten Muskelprotz des Platzes verwiesen hatte. Wie freute ich mich, dass hier einmal nicht das »Recht des Stärkeren« siegte, sondern ich einem (vermeintlich) Schwächeren helfen konnte! Dafür brauchte es nicht viel. Nur das Bewusstsein, dass man sich nicht alles gefallen lassen muss. Auch nicht von scheinbar Stärkeren.

HILFREICHE GESPRÄCHE FÜHREN

Zu Beginn meines Psychologiestudiums war ich fest überzeugt: Reden hilft immer. Es befreit, es entlastet, es baut Stress ab. »Schön, dass wir mal drüber geredet haben.« Inzwischen ist mir klar geworden: Überhaupt nicht jedes »Darüber reden« wirkt hilfreich.

Es gibt sogar viele Gespräche über belastende Themen, die bei allen Beteiligten den Stresspegel noch steigern. Sie sind hinterher physisch messbar noch angespannter, ihr Atem geht flacher, sie fühlen sich erschöpfter und gereizter als vor dem Gespräch.

Es ist die *Qualität* unseres Redens, die darüber entscheidet, wie das Gespräch wirkt, nicht die *Quantität*. Wichtig ist es, stets im Blick zu behalten, wie *du selbst* dein Redeverhalten so gestalten kannst, dass du Nähe, authentischen Erfahrungsaustausch und gegenseitige Unterstützung begünstigst. Dabei haben sich folgende Faktoren als entscheidend erwiesen:

hilfreich *(entlastend)*:	nicht hilfreich *(belastend)*:
PERSÖNLICH »Ich habe ein Problem mit …«	**VERALLGEMEINERND** »Man kann ja hier so schwer …«
KONKRET »Gestern hat ein Kunde mich angeschrien, ich solle …«	**GENERELL** »Heutzutage sind ja alle Kunden immer so …«
KONSTRUKTIVE SUCH-HALTUNG »Was kann ich konkret ändern?«	**RESIGNATIVE JAMMER-HALTUNG** »Unter den Bedingungen geht doch eh nichts.«

Ein Gespräch kann dann entlastend sein und Stresssymptome abbauen, wenn du:

PERSÖNLICH, von dir selbst, von deinen eigenen Problemen sprichst. Statt: »Man muss ja …« kannst du benennen: »Ich persönlich habe ein Problem mit …«
KONKRET benennst, was dir wann zu schaffen macht. Statt: »Immer sind die Kunden alle so …« kannst du eine konkrete Situation schildern: »Heute hat ein Kunde zu mir …«
KONSTRUKTIV im Gespräch nach möglichen Lösungen Ausschau hältst. Statt: »Na ja, kein Wunder, bei den Bedingungen ist ja eh nichts zu machen« zu jammern, kannst du dich gemeinsam mit deinem Gegenüber fragen: »Wie gehst du damit um? Was kann ich tun, was kann ich lernen, was kann ich verändern?«

WORUM GEHT ES MIR EIGENTLICH?

Wie die buddhistische Meditationslehrerin Sylvia Wetzel in ihrem Buch *Worte wirken*

Wunder betont, ist die Intention unseres Sprechens entscheidend für die Wirkung des Gesprächs. Möchte ich wirklich Hilfe erfahren durch authentischen Austausch? Oder möchte ich mich nur oberflächlich »auskotzen« und benutze den anderen als Gefäß dafür? Oder möchte ich im Grunde nur prahlen und beispielsweise den anderen Kolleginnen beweisen, was für einen harten Job ich mache, dass ich mit solch schwierigen Situationen konfrontiert werde?

Achtsamkeit zu üben in Bezug auf die eigenen Absichten ist die Grundvoraussetzung für gelungene Gespräche. Wir sollten unsere Absichten immer wieder überprüfen, vor allem dann, wenn wir den Eindruck haben, dass wir zu wenig Hilfe und Unterstützung von anderen erfahren. Es könnte dann nämlich u.a. an unserem eigenen Gesprächsverhalten liegen!

Je klarer du formulierst, was du brauchst, desto leichter kann dein Gegenüber dir genau das im Gespräch geben.

ZUM AUSPROBIEREN

Überleg dir ein aktuelles Problem, zu dem du gerne den Rat einer Kollegin oder eines Freundes einholen würdest, und bitte die betreffende Person um ein Gespräch. Achte während des Gesprächs darauf, ob du selbst möglichst persönlich, konkret und konstruktiv über dein Anliegen sprichst.

» Wenn du dich dabei ertappst, in Allgemeinplätze abzurutschen oder resigniert zu jammern, kehr liebevoll zum hilfreichen Gesprächsverhalten zurück.

» Registriere, wie deine Art zu sprechen dein Gegenüber beeinflusst in seiner Art zu antworten.

Nur wenn ich selbst mich traue,
aufrichtig und persönlich zu sprechen,
kann ich erwarten, eine ehrliche,
persönliche und hilfreiche
Antwort zu bekommen.

SCHLUSS MIT DEM VERGLEICHEN

»Willst du dir den Tag verderben, vergleiche dich mit anderen!«

Dieser Spruch hing jahrelang an meinem Badezimmerspiegel.
Ein Kennzeichen der westlichen Industriegesellschaften ist es, dass wir uns in ständiger Konkurrenz erleben. Da der zeitgenössische »Ressourcenfetischismus«, wie der Soziologe Hartmut Rosa es nennt, uns lehrt, dass derjenige am besten dran ist, der die größten

Ressourcen an Bildung, Geld, Familie, Gesundheit und Attraktivität hat, schauen wir beständig ängstlich nach links und rechts, ob das, was wir haben, denn auch genug ist, ob wir auf dem Arbeits- und Partnerschaftsmarkt denn wettbewerbsfähig geblieben sind, oder ob andere aus der Vergleichsgruppe uns längst überholt und hoffnungslos abgehängt haben. Und siehe da, es gibt wohl niemanden, der keinen Bereich entdeckt, in dem er nicht besorgniserregend »abfällt«. Clara hat promoviert und einen spannenden Job, aber keine Kinder. Ute hat drei süße Kinder, aber seit acht Jahren nicht gearbeitet. Karin leitet mit ihrem Mann und Sohn erfolgreich ein Familienunternehmen, fühlt sich aber zu dick. Christa ist freischaffende Tänzerin, hat aber viel weniger Geld als ihre Freundinnen.

Dabei vergessen wir nur zu häufig, dass die »Ressourcen« nur die Möglichkeiten zu einem gelingenden Leben bieten können, jedoch nicht etwa das gelingende Leben selbst sind, wie

Hartmut Rosa ebenfalls erläutert. Unsere Ressourcen sagen faktisch gar nichts darüber aus, wie glücklich wir *tatsächlich* sind.
Egal, wie tapfer wir unser Leben leben und das Beste daraus machen: Sobald wir anfangen, uns mit anderen zu vergleichen, werden wir uns wie Versagerinnen oder Versager fühlen.

UNZUFRIEDENHEIT SCHAFFT UMSATZ

Aus diesen Versagensgefühlen wird eine Menge Kapital geschlagen: von all jenen, die uns eine Steigerung der »Ressourcenlage« verkaufen wollen. So wird vor allem uns Frauen suggeriert, wir müssten uns permanent um unsere Attraktivität sorgen. Wir »sollten« ins Fitnessstudio gehen, Wagenladungen voller Anti-Falten-Kosmetik und Markenkleidung erwerben und notfalls Unsummen für operative »Korrekturen« ausgeben, um unsere Attraktivität zu steigern bzw. wenigstens zu konservieren und damit unseren Marktwert. Der medial inszenierte Schönheitsterror wird immer perfider. Bilder des weiblichen Körpers werden seit Photoshop und anderen raffinierten digitalen Bildbearbeitungsprogrammen immer flächendeckender so zurechtgestutzt, dass uns der reale Körper, den wir im Spiegel sehen, monströs und verformt erscheinen muss. Wenn wir einen beliebigen (Online-) Katalog zum Wäschekauf öffnen, fällt ins Auge, dass der einen Hälfte der Frauen Minimizer-BHs angeboten werden, die die Brust »optisch bis zu zwei Größen kleiner erscheinen lassen«, während der anderen Hälfte Push-up-BHs angepriesen werden, die die Brust »um bis zu zwei Cups vergrößern«. Niemals jedoch habe ich Werbung für Wäsche gesehen, die einen Körper *genau so, wie er ist* zur Geltung bringen soll.

Warum eigentlich sind wir so auf unsere Mängel fixiert?

Warum denken wir alle permanent, wir müssten ganz anders aussehen, als wir es tun?

Rebecca Niazi-Shahabi rät in ihrem Bestseller mit dem trotzigen Titel *Ich bleib so scheiße, wie ich bin:* »Lockerlassen und mehr vom Leben haben«. Sie plädiert mit beißendem Sarkasmus dafür, keinen fremdbestimmten Idealen mehr nachzulaufen und jeglicher Selbstoptimierung zu entsagen. Allerdings greift der resignative Grundton dieses Anti-Ratgebers auch ein wenig kurz, wie ich finde. Niazi-Shahabi hält auch Veränderungen, die wir uns wirklich selbst wünschen, für unwahrscheinlich. Dabei berücksichtigt sie meines Erachtens nicht den tiefsitzenden menschlichen Wunsch nach Wachstum und Weiterentwicklung. Manche Veränderungen ersehnen wir, weil sie uns wirklich guttun. Nicht jede »Selbstoptimierung« ist ungesund und fremdbestimmt. Wenn es dir gelingt, mehr das zu werden, was du tatsächlich bist, kann dich das sehr wohl zu einem glücklicheren Leben führen. Die Tiefenpsychologie nennt diesen Prozess Individuation und betrachtet ihn als unsere eigentliche Lebensaufgabe.

»Individuation ist der innere und äußere Selbstwerdungsprozess der Seele, der zielgerichtet ist und uns zu dem Menschen machen will, als der wir gemeint sind und als den wir uns im tiefsten Innern selbst meinen«, schreibt der Tiefenpsychologe Ralf Vogel. Vogel übersetzt »Individuation« als »Selbstverwirklichung« und fügt hinzu: »Sie ist gleichermaßen Frucht eigener Bemühung wie Annahme eines inneren Fließens.«

Kann es denn überhaupt irgendeinen Nutzen bringen, sich mit anderen zu vergleichen? Ja! Einmal unterhielt ich mich beim Kaffee mit Kollegin Silvia über Konkurrenz unter Frauen. Ich fragte sie: »Bist du denn nie neidisch auf andere?«
Sie antwortete ganz aufrichtig: »Nein, ich glaube nicht.«
»Wie kriegst du das denn hin?«, fragte ich verblüfft.
Silvia überlegte einen Augenblick und sagte

dann: »Wenn ich eine Frau sehe, die ich toll finde, dann frage ich mich: Wie macht sie das? Und dann denke ich darüber nach, wie ich das selbst machen könnte.«

Dieser konstruktive Umgang mit Neidgefühlen beeindruckte mich. Natürlich, wir können lernen von anderen Frauen. Dabei begegnen wir ihnen mit einer Haltung von Anerkennung und Wertschätzung. Ganz anders, als wenn wir neidisch sind. Dann meiden wir die andere emotional, weil wir das, was wir an ihr bewundern, in unserem verengten Herzen gar nicht aushalten können. Das ist eine Form der Abwertung, die die andere Frau durchaus spürt. Nur wenn wir aufhören, permanent in den Konkurrenz-Kategorien »besser« und »schlechter« zu denken, können wir uns aufrichtig an dem freuen, was wir an anderen Menschen bewundern.

Der Buddhismus legt uns bei Neidgefühlen das Mantra nahe: »Möge es mir und allen anderen Wesen gut gehen. Mögen ich und alle anderen

Wesen frei von Leid sein.« Solche Gedanken tun uns gut. Sie besänftigen das Gemüt und öffnen die Wahrnehmung dafür, dass unsere Mitmenschen mit genauso vielen Schwierigkeiten zu kämpfen haben wie wir selbst – und dass wir von jedem etwas Wertvolles lernen können.

» Wenn du das nächste Mal eine Frau siehst, die eine tolle Ausstrahlung hat, frage dich: Wie macht sie das? Was davon könnte ich auch selbst ausprobieren?

» Übe dich darin, echte »Mitfreude« mit anderen zu empfinden, statt dein Herz durch Missgunst und Neid zu verschließen.

» Wenn du merkst, du bist neidisch, frage dich ernsthaft, ob du mit dieser Person würdest tauschen wollen – mit allem, was dazugehört.

» Überprüfe einmal kritisch, welche Bilder von Frauen du dir freiwillig einverleibst und ob dir diese Bilder wirklich guttun. Welche Zeitschriften siehst du dir regelmäßig an? Welche Art von Menschen wird dort gezeigt, wessen Schönheitsideal entsprechen sie? Es gibt auch Zeitschriften, die in ihren (sehr ästhetischen) Fotostrecken nur noch Frauen über 40 abbilden oder sogar nur Frauen über 60. Wie gefällt dir das? Könnten das bessere Vorbilder sein als magersüchtige Celebritys?

»Das Vergleichen ist
das Ende des Glücks und
der Anfang der Unzufriedenheit.«

Søren Kierkegaard

VERÄNDERUNGEN GESCHEHEN LASSEN

Es kann eine große Befreiung sein, anstehende Veränderungen endlich geschehen zu lassen. Denn sei dir bewusst: Verdrängen und etwas nicht anzugehen, was eigentlich dran wäre, kostet auch Energie. Langfristig kann der Preis für das »Aussitzen« ziemlich hoch sein. Oft zahlen wir ihn in Form von psychosomatischen Erkrankungen.

In einem fünftägigen Supervisionsworkshop für Seelsorgerinnen und Seelsorger, den ich leitete, traf ich einst auf Tino. Der skandinavische Pfarrer um die 50 war ein Hüne von Mann – und extrem still und zurückhaltend. In der Vorstellungsrunde sollten alle Teilnehmenden sich ein Postkartenmotiv wählen. Tino wählte eine Karte mit einem galoppierenden weißen Hengst. Am dritten Tag bat ich die Teilnehmenden in einer Übung, ihr Postkartenmotiv jeweils zu dritt zu inszenieren und dabei selbst die Rolle einzunehmen, mit der sie sich am meisten identifizieren. Interessanterweise wählte Tino für sich selbst nicht die Rolle des Hengstes, sondern ließ seine Mitspieler den Hengst darstellen, während er selbst einen Mann spielte, der sich dem Tier achtsam nähert und schließlich respektvoll eine Hand auf seine Schulter legt.
Nach dem Ende des Workshops tat ich etwas, was ich noch nie getan habe: Ich bat Tino, die Karte von mir als Geschenk anzunehmen.

Ein Jahr später schrieb Tino mir: Er habe ein turbulentes Jahr hinter sich. Er habe sich scheiden lassen. Und er habe sich in eine andere Frau verliebt, mit der er im kommenden Monat zusammenziehen werde. Es sei ein harter Weg gewesen für ihn, und nun sei er sehr, sehr glücklich über die Veränderungen in seinem Leben.

Tino ist kein Mann vieler Worte, ich habe ihn im Workshop selten direkt über Gefühle sprechen hören. Dennoch hat er mit einer enormen inneren Stringenz und großem Mut an seinem Thema gearbeitet: seiner Sehnsucht nach Lebendigkeit.

Veränderungen haben ihre ganz eigene Zeit und Notwendigkeit. Wir müssen sie weder forcieren noch tun wir gut daran, sie zu lange zu blockieren. Wir müssen sie nur geschehen lassen. Und das ist oft alles andere als »einfach«. Denn jede anstehende Veränderung ruft unsere Ängste auf den Plan: Was erwartet mich danach? Bin ich dafür stark genug? Wäre das wirklich besser als

der Status quo? Warum kann nicht einfach alles bleiben, wie es ist?
Wenn man Menschen, die eine Scheidung erlebt haben, dazu befragt, hört man häufig: Ja, die Zeit meiner Trennung war sehr schwer. Aber viel schrecklicher war eigentlich die Zeit davor, als ich schon spürte, dass diese Beziehung nicht mehr trägt, es mir aber nicht eingestehen wollte.
Wenn du den Mut findest, notwendige Veränderungen geschehen zu lassen, bist du wieder auf dem Weg, du gliederst dich ein in den Fluss des Lebens.
Wir zahlen einen hohen Preis, wenn wir diesen Mut nicht aufbringen:
»Das Leben ist umstellt von Plänen, die seine Lebbarkeit garantieren sollen. Manche Menschen halten sich lieber an diese als an die Möglichkeiten ihres Lebens. … Wie ein eiserner Ring legt sich der Wunsch nach Sicherheit und Eindeutigkeit um die lebendigen Impulse, die ihrerseits immer wieder vom Aufbruch und Ausbruch

träumen und über körperliche, seelische und soziale Symptome um Hilfe rufen, um darauf aufmerksam zu machen, dass die Sehnsucht nach Leben und der Mut zur notwendigen Veränderung zu ersticken drohen«, schreibt Annelie Keil 1999 in ihrem Buch *Wird Zeit, daß wir leben: Wenn Körper und Seele streiken.*

ABSCHIED VON ALTEN TRÄUMEN

Ein »sich auf den Weg machen« bedeutet immer auch, Abschied zu nehmen. Abschied von alten Träumen. Eine Frau, deren Trennung noch sehr frisch war, sagte einmal in einer Gruppe: »Ich spüre jetzt, es ist kein gebrochenes Herz, was ich da habe, es ist ein zerbrochener Traum.« Menschen aber, die den Mut und die Kraft finden, Abschied zu nehmen, eröffnen sich damit manchmal die erstaunlichsten neuen Perspektiven.

Meine Freundin und Kollegin Katharina, eine umtriebige und innovative Religionspädagogin und Autorin, war bereits in den hohen

Siebzigern, als ihr Mann nach langer Krankheit verstarb. 50 Jahre lang hatte Katharina den Pfarrhaushalt geführt und dort fünf Kinder groß gezogen. Und nun? Katharina starb ihrem Mann nicht hinterher und wurde auch nicht depressiv. Sie trauerte, intensiv und kraftvoll. Dann verkaufte sie das Haus – und zog nach Berlin, wo inzwischen der Großteil ihrer Kinder, Enkel und Urenkel lebt. Dort bewohnt sie nun eine lichte Altbauwohnung, in der sich Familienmitglieder, Freunde und Kollegen die Klinke in die Hand geben, und arbeitet weiterhin in diversen Fachzeitschriften-Redaktionen mit – mit inzwischen 84 Jahren.

Einzigartig, wie diese Frau einfach nie damit aufgehört hat, Veränderungen zuzulassen.

Und es so geschafft hat, sich nach über fünf Jahrzehnten noch einmal weiterzuentwickeln und an einem neuen Ort anzusiedeln. Soweit ich weiß, hat sie diese mutige Entscheidung später keinen Tag bereut.

MAN WIRD NIE

NEUES LAND ENTDECKEN,

WENN MAN IMMER DAS UFER

IM AUGE BEHÄLT.

DIE EIGENE TRAUER ZULASSEN

Veränderungen erlauben und Abschied nehmen kann nur gelingen, wenn wir Trauer zulassen.

Viele Menschen fürchten sich sehr vor dem Trauern. Manche haben auch gar keine Erfahrung damit machen können, weil Trauer in ihren Herkunftsfamilien tabuisiert wurde, ihre Eltern selbst nicht weinen konnten oder es sich zumindest vor den Kindern nicht zugestanden. Besonders schlimm ist es, wenn Eltern das

Traurigsein ihrer Kinder ebenfalls nicht aushalten können und versuchen, es ihnen auszureden *(Das ist doch gar nicht so schlimm)*, versuchen »abzulenken« *(Iss doch lieber ein paar Gummibärchen)* oder ihre Kinder gar dafür verhöhnen und demütigen, dass sie weinen.
Der Schaden solcher Erziehungsfehler ist immens. Hier lernen kleine Menschen, dass sie ihren Gefühlen nicht trauen dürfen, dass diese »schlecht« sind und unterdrückt werden müssen. Sie entwickeln keine gesunde Beziehung zu diesem elementaren Gefühl, ja, sie verlernen häufig, es überhaupt wahrzunehmen als wichtige Stimme ihres Herzens.
Das ist sehr schade, denn das Trauern hat eine ungeheuer reinigende Kraft. Es ermöglicht eine Katharsis, ein Sich-Abregnen, ein Loslassen des Schmerzes, eine Integration und schließlich ein Wachstum der Persönlichkeit. Wer schon einmal intensiv getrauert hat, macht die Erfahrung: Ich bin da durchgegangen und habe es überstanden. Ich bin stark genug.

Ich konnte diesem Verlust ins Angesicht sehen, ohne zu sterben. »Jeder Abschied ist ein kleiner Tod«, sagt ein Sprichwort, das unser Empfinden sehr genau ausdrückt.

Die Erfahrung,
Trauer aushalten zu können, ist
eine unschätzbar wichtige
Ressource.

Denn nur dann können wir künftigen Veränderungen mit einer gewissen Gelassenheit entgegensehen. Wer aber glaubt, Trauer um jeden Preis vermeiden zu müssen, der muss auch jeden Abschied und somit jede Veränderung meiden. Das kann auf Dauer nicht gesund sein. In jedem Leben treten Phasen der Neuorientierung auf, sie dienen der gesunden »Selbstaktualisierung«, wie Carl Rogers, der amerikanische Psychologe und Mitbegründer der Humanistischen Psychologie, es nennt.

VOM »RECHT AUF UNGLÜCKLICHSEIN«

Wenige Jahre, nachdem ich zum Studium von zu Hause ausgezogen war, spielte sich in der Nachbarschaft meiner Eltern eine Tragödie ab: Ein Familienvater erschoss sich im Keller seines Hauses mit einer Schrotflinte. Viele Jahre später kamen mir noch zwei ganz ähnliche Geschichten zu Ohren. Alle diese Männer waren unauffällige Ehemänner und Familienväter mit gesichertem Einkommen gewesen. Natürlich kann man rückblickend sagen: Sie waren krank, sie hatten schwere Depressionen, sie wussten nicht, was sie tun. Und gleichzeitig ist eine andere Sichtweise möglich: Diese Männer hatten nie gelernt, vor sich und anderen zuzugeben, dass sie unglücklich waren. Dass es Zeit geworden war, von einigen alten Lebenszielen Abschied zu nehmen und sich zu verändern. Sie hatten stets viel Verantwortung für andere getragen, waren Alleinverdiener ihrer Familien. Aber sie hatten nie gelernt, Verantwortung für ihr eigenes Seelenheil zu übernehmen. Es war ihnen dermaßen unmöglich, sich ihre Gefühle und die möglichen Veränderungsschritte zu vergegenwärtigen, dass sie lieber in den Tod gingen. Deshalb möchte ich an dieser Stelle eine Lanze für ein »Recht auf Unglücklichsein« brechen.

Nur wer auch unglücklich sein darf,
kann sein Leben in
einer gesunden Balance halten.

Nur wer Trauer spüren kann, kann rechtzeitig und verantwortungsvoll Abschied nehmen von Lebensplänen und/oder Beziehungen, die nicht mehr tragfähig sind – und zwar indem er sein Leben umgestaltet und nicht, indem er es beenden muss.
Das bedeutet keinesfalls, dass du alle paar Jahre deinen Job kündigen, die Scheidung einreichen und auf einen anderen Kontinent auswandern musst, um weiterhin glücklich zu sein. Wer das glaubt, blockiert sich eher, indem

er stattdessen überhaupt keine Veränderungen zulässt aus Angst, dass die ja dann sowieso »nicht reichen«. Wie gesagt musst du überhaupt keine Veränderungen herbeireden oder zwanghaft forcieren. Du musst nur wach bleiben für die natürlichen Entwicklungen in deinem Leben und in deiner Persönlichkeit. Du musst hellhörig bleiben für die Stimme deiner Sehnsucht, deine Träume. Wenn du die Veränderungen im Innen und im Außen wachen Herzens verfolgst, kommst du automatisch an Stellen, wo Abschied und Trauer notwendig werden. Wir müssen oft Abschied nehmen im Leben, und nicht immer freiwillig. Von einer Arbeitsstelle, dem Student/innenleben, einem Herzensfreund, der wegzieht, den erwachsenen Kindern, die eigene Wege gehen. Es ist gut und gesund, der Trauer, die diese Abschiede in uns auslösen, Raum zu geben.

Durchwate die Trauer, immer im Vertrauen:
Es gibt ein anderes Ufer. Und am anderen Ufer wartet etwas Neues auf dich.

DEINE ÄNGSTE ANSEHEN

Ängste sind ungemütliche, aber wunderbare Wegweiser. In der Gestalttherapie sagt man: »Wo die Angst sitzt, da geht's lang.«

Stefan Schmidtchen, Professor für Kinderpsychotherapie, pflegte in seinen Seminaren den Umgang mit Ängsten oft als den Umgang mit unseren »inneren Häschen« zu bezeichnen. Diese Metapher gefiel mir sehr gut. Denn nur zu oft versuchen wir unsere Ängste ja wegzusperren, möglichst weit weg ins Dunkle,

wo wir sie nicht hören und nicht sehen müssen. Aber geht man so mit verletzlichen Häschen um? Was brauchen die ängstlichen Häschen wirklich? Sie wollen im Arm gehalten und gestreichelt werden.
Manche Menschen lernen dies bereits in der Kindheit von ihren Eltern, andere erst später in einer liebevollen Partnerschaft. Wieder andere lernen es in einer Therapie. Auch hier geht es letztlich darum, sich selbst ein guter Vater bzw. eine gute Mutter sein zu können. Gute Eltern nehmen ihr Kind in den Arm, wenn es Angst hat. Sie bleiben physisch in der Nähe, strahlen aber Sicherheit aus und sind nicht selbst wie gelähmt. Sie nehmen die Angst ernst und halten sie aus, ohne sie selbst zu übernehmen.

ICH HABE ANGST, ABER ICH BIN NICHT MEINE ANGST

Es ist wichtig, dass wir unsere Ängste ansehen und annehmen können, ohne uns komplett mit ihnen zu *identifizieren.*

In dem Moment, wo wir unsere Angst *sind,* sind wir handlungsunfähig. Und wenn wir unsere Ängste verleugnen oder permanent ins Außen projizieren, sind wir *entwicklungsunfähig.*
Es geht darum, den richtigen Abstand zu finden, aus dem heraus wir unsere Ängste ansehen. Sind wir zu nah dran, ist unsere ganze Bildfläche von Angst ausgefüllt, wir sehen sie nicht einmal richtig scharf, und vom Kontext sehen wir gar nichts. Gehen wir aber zu weit weg, können wir gar keine Details mehr erkennen und lassen die Ängste so sehr alleine, dass sie noch unruhiger werden.

Meine Klientin Ulrike war Mitte 30 und sehnte sich nach beruflicher Veränderung. Trotzdem arbeitete sie seit Jahren weiter in ihrem technischen Studienberuf und fand keinen Ausweg. Eigentlich träumte Ulrike seit langem von einer beruflichen Laufbahn in der Schifffahrt, hatte aber große Zweifel, ob sie für einen solchen Wechsel nicht bereits zu alt sei. Während der

Zeit ihrer Therapie bei mir flatterte ihr plötzlich das Angebot ins Haus, als Crewmitglied eine Segeljacht aus der Karibik nach Südfrankreich zu überführen. Einen Monat auf dem Schiff.

An diesem Punkt wurden Ulrikes diffuse Ängste vor beruflichen Veränderungen plötzlich greifbar. Sie wurden konkret. Würde sie sich ins Team einfügen können? War sie »gut genug«? Und in der Folge die Überlegung: Was, wenn eine berufliche Umorientierung scheitern würde? Was würden dann die anderen von ihr denken? Ihre Eltern? War es nicht eigentlich ihre »Pflicht«, Karriere zu machen in ihrem studierten Beruf?

So fand Ulrike zu einer spannenden Auseinandersetzung mit ihrem Selbstbild.

WAS WILLST DU MIR ZEIGEN?

Unsere Ängste führen uns direkt ins Zentrum unserer »Lebensthemen«. Wenn wir den Mut finden, sie als »zu uns gehörig« anzunehmen, und in einen achtsamen Dialog mit ihnen treten, werden sie zu hilfreichen Zeichen am Weg. Dysfunktional und destruktiv werden Ängste immer dann, wenn wir sie ins Außen projizieren, statt sie als zu uns gehörig anzunehmen. Dann schlagen Ängste schnell in Wut um. Die Menschen, die derzeit als »besorgte Bürger« durch die Straßen unserer Städte ziehen und kundtun, dass die »gefährlichen« Flüchtlinge aus islamischen Ländern »unser Land kaputt machen«, tun genau das. Sie glauben, der Grund für ihre Ängste liege im Außen. Wenn sie stattdessen den Mut fänden, sich einmal konkret mit den vermeintlich »bösen« Menschen, die in unser Land geflüchtet sind, zu unterhalten, würden sie ganz von selbst merken, dass ihre Ängste in Unwissenheit begründet sind und der Realität gar nicht standhalten. Stattdessen steigern sich die »besorgten Bürger« in eine diffuse Wut hinein, die auf absurde Weise die Opfer von Terror und Gewalt, die in unser Land geflüchtet sind, noch zu »Tätern« verdreht. Genau das gleiche ist Anfang des 20. Jahrhunderts in unserem Land schon einmal geschehen. Menschen jüdischen Glaubens wurden zu Tätern stilisiert, zu Räubern, zu Schuldigen, zu Habgierigen, die »uns« etwas wegnehmen. So können Ängste von »inneren Häschen« zu menschenfressenden Monstern werden, die politisch ausbeutbar und manipulierbar sind. Es ist sehr wichtig, dass wir uns immer unserer Verantwortung als Einzelne bewusst bleiben. Wenn du den Flüchtlingsjungen im Kindergarten deines Sohnes zu dir nach Hause einladen kannst, um deinem Kind die Angst vor dem Fremden zu nehmen, hast du einen Beitrag geleistet – und der ist größer, als er zunächst scheinen mag.

Lass dich nicht von Ängsten regieren!
Tritt ihnen mutig und freundlich entgegen!

Interessanterweise fällt es vielen Menschen leichter, ihre Ängste zu überwinden, wenn sie in eine Situation kommen, wo ihnen klar wird, dass sie Schwächere schützen müssen.

Laura, 28, hatte ihr Leben lang eine starke Spinnenphobie, wie schon ihre Mutter. Sobald sie eine etwas größere Spinne im Haus erblickte, war Laura völlig gelähmt vor Angst und konnte nichts tun, als panisch um Hilfe zu rufen. Bis zu dem Tag, an dem Laura ihr Baby in den Hausflur schob und sah, wie sich am Kinderwagen an einem zarten Faden eine riesige Spinne aufwärts Richtung Kind zog. In Sekundenbruchteilen erfasste sie, dass sie alleine war und ihr jetzt niemand so schnell helfen konnte. Sie schlug nach der Spinne, die zu Boden fiel, und dort zertrat sie sie. Sicher nicht die eleganteste Lösung – aber immerhin war Laura aus ihrer Starre heraus und ins Handeln gekommen. Seitdem ekelt sie sich zwar immer noch vor Spinnen, aber sie weiß auch, dass sie sich notfalls selbst helfen kann.

Quälend ist es, von Ängsten gelähmt zu sein. Dann blockieren die Ängste unsere Entwicklung. Deshalb ist es wichtig, diese Lähmung zunächst einmal zu bemerken, sodass wir uns fragen können, was jetzt der nächste Schritt sein könnte, um wieder in Bewegung zu kommen. Eine Politik der »kleinen Schritte« kann im Umgang mit Ängsten sehr hilfreich sein. Wenn du gerne alleine verreisen möchtest, aber dich nie traust, kannst du zum Beispiel erst einmal für ein Wochenende alleine wegfahren und schauen, wie es dir damit geht.

ERLAUBE DIR, NEUE ERFAHRUNGEN ZU MACHEN

Wenn du das nächste Mal Angst verspürst, halte einen Moment inne und frag dich: Wovor genau habe ich jetzt Angst? Habe ich bereits Erfahrungen gemacht, die diese Angst nähren? Welche neuen, konkreten Erfahrungen könnte ich machen, um herauszufinden, ob die Angst berechtigt ist oder nicht?
Ängste werden schnell zur »Selffullfilling Prophecy«. Ja, es geht auch manchmal was schief. Aber oft geht es auch gut!

VERGÄNGLICHKEIT UND NEUBEGINN

Vor vielen Jahren saß ich in einer großen Lebenskrise bei einer spirituellen Lehrerin im Kloster. Drei Tage lang weinte ich dort um eine verflossene Partnerschaft. In tiefem Schmerz beklagte ich, dass ich doch so sehr an die Unsterblichkeit dieser Liebe geglaubt hätte. Und jetzt gar nicht mehr wisse, woran ich überhaupt noch jemals glauben könne. Da erzählte mir die Kloster-Äbtissin folgende Geschichte.

DER MEISTER UND DIE CHILISCHOTE

Ein Schüler fragt den Mönch: »Meister, wie können wir das Unvergängliche finden?«
Der Meister antwortet: »Ein Mann beißt jeden Tag seines Lebens in eine Chilischote. Er windet sich stets aufs Neue vor Schmerz, weil die Schote so scharf in seinem Mund brennt. Aber auf die Frage, warum er das immer weiter tut und in rohe Chilischoten beißt, antwortet der Mann: ›Es könnte ja sein, dass doch einmal eine Schote dabei ist, die nicht scharf ist.‹
So ist es mit unserer Suche nach dem Unvergänglichen auf Erden.«

Auf dieser Geschichte habe ich jahrelang »herumgekaut«, bis sich mir ihr wirklicher Gehalt nach und nach erschloss.
Zuerst dachte ich, ehrlich gesagt: Ach, die Ordensfrau, die hat ja gut reden, sie hat die Suche nach der großen, unvergänglichen Liebe eben aufgegeben, aber ich doch nicht! Dann erlebte ich, wie langjährige Beziehungen zu

Ende gingen, weil einer von beiden starb. Und mir wurde klar: Es stimmt einfach. Es gibt auf dieser Erde schlicht und ergreifend gar nichts, was unvergänglich ist. Wir bereiten uns nur unnötiges Leid, indem wir uns in die Idee der Unsterblichkeit verrennen. In unserer Angst vor dem Tod versuchen wir, uns die »ewige« Liebe als finale Zuflucht zu imaginieren. Aber letztlich ist das natürlich eine Blase, die irgendwann schmerzhaft zerplatzt. Alles endet. Auch jede Liebesbeziehung. Entweder durch Trennung oder durch den Tod. Wenn wir die Vergänglichkeit alles Irdischen aber wirklich akzeptieren können, dann kann uns das innerlich frei machen. Dann können wir tief und aufrichtig das genießen, was uns das Leben im Hier und Jetzt schenkt. Die Gesellschaft eines Menschen, der uns guttut. Die wärmende Frühlingssonne. Ein Stück selbst gebackener Kuchen. Eine frisch gefallene Kastanie. Den ersten Schnee. All dies ist vergänglich und gleichzeitig wunderbar.

Sobald wir versuchen, der Vergänglichkeit zu entkommen, Schönes zu konservieren, nehmen wir den Dingen ihre Lebendigkeit und lassen sie welken wie Wiesenblumen in einer Vase. Mütter, die beim Anblick ihrer pubertierenden Kinder immer noch lamentieren, wie niedlich diese doch als Baby gewesen seien, bleiben blind für die einzigartige Anmut und Lebenskraft, die ihre Kinder jetzt gerade entwickeln. Paare, die sich seit Jahren an ihrem Hochzeitstag beklommen im selben Nobelrestaurant anschweigen, hätten vielleicht weitaus mehr Spaß, wenn sie sich beide jemanden Neuen suchen würden, der besser zu ihren heutigen Bedürfnissen passt – oder auch alleine mit ihren Freundinnen und Freunden ausgehen würden.

So anstrengend und unsicher sich unser modernes Leben auch oft anfühlen mag, so hat es uns doch eine Fülle neuer Möglichkeiten eröffnet. Wir können uns heute praktisch zu jeder Zeit noch beruflich umorientieren, eine Partnerschaft beenden, eine neue beginnen, den Wohnort wechseln etc. Wir müssen es aber auch wollen – und es uns zutrauen. Stattdessen hängen wir nur zu oft gedanklich und emotional am Gestern und fragen uns etwas wehleidig: Wenn es doch gestern gut war, warum dann heute nicht mehr?! Vermutlich, weil wir uns weiterentwickelt haben.

Weil wir gereift sind, neue Einsichten gewonnen haben, unsere Bedürfnisse besser kennen.

Auch Ideen sind vergänglich, Lebenskonzepte, Visionen, Pläne. Und so kannst du neue Ideen entwickeln und Lebensformen finden, die jetzt zu dir und deinen Bedürfnissen passen.

Je weniger du an einst errungenen Erfolgen »anhaftest«, umso leichter kannst du auf eine sich wandelnde Außen- und Innenwelt flexibel reagieren.

ALTERN IST NICHTS FÜR FEIGLINGE

Für viele Frauen ist das Erleben der Vergänglichkeit ihrer Schönheit eine schmerzhafte

Erfahrung. Gerade für besonders attraktive Frauen kann das an die Grenze des Aushaltbaren gehen. Die Schauspielerin Marilyn Monroe, die als eine der schönsten Frauen ihrer Zeit galt, nahm sich mit 36 verzweifelt das Leben, um die Schmach des Alterns nicht länger aushalten zu müssen. Und sie war nicht die Einzige.

Als mir mit 38 schlagartig klar wurde, dass das Altern auch mich betraf, stürzte ich in ein tiefes Loch. Bis dahin hatte ich geglaubt, es sei mein ganz selbstverständliches Privileg, dass im Baumarkt sämtliche Verkäufer blitzschnell und ungefragt heraneilen, um mir zu helfen, und ich auf jeder Party von zehn Männern angesprochen werde. Erst als diese Aufmerksamkeit nach und nach ausblieb, merkte ich, wie sehr ich mich auf meiner Attraktivität ausgeruht hatte. Ich hatte nie etwas dafür tun müssen, Beachtung zu finden. Und jetzt? War ich jetzt für immer die »in Wirklichkeit« ganz uninteressante Frau?!

Nein, denn glücklicherweise waren auch meine Depressionen vergänglich. Ich stellte fest, dass ich zwar oft nicht mehr die schönste Frau im Raum sein konnte, aber längst die lustigste! Manchmal sogar die Klügste. Und schließlich konnte ich es sogar sein lassen, mich mit anderen zu vergleichen und mich stattdessen aufrichtig an der Schönheit, Klugheit und Lustigkeit anderer Frauen erfreuen. Egal, wie jung oder alt sie sind.

DIE DINGE SIND UNS GESCHENKT

Schwierig wird es mit dem Loslassen immer dann, wenn wir (unbewusst) finden, dass uns »zusteht«, was wir besitzen, wenn wir denken, es sei unser persönlicher Verdienst und Ergebnis unserer »richtigen« Lebensführung.

Lisa, 57, hat vor über einem Jahr ihren Mann verloren, er starb an Krebs. Der Abschied fällt Lisa extrem schwer, sie findet einfach nicht hinein in ein neues Leben als alleinstehende Frau. Wer sie erlebt, spürt neben ihrer Trauer ungeheuer viel Wut und Bitterkeit. Lisa möchte ihren Mann nicht loslassen. Sie empfindet es als ungeheuerliche Zumutung, dass das Leben ihr den Mann weggenommen hat, obwohl ihre Ehe doch immer glücklich war und sie sich so geliebt haben. Sie haben immer alles richtig gemacht, und trotzdem ist das passiert. Hinter Lisas Wut steckt der zutiefst menschliche Wunsch, das Leben möge immer gerecht sein. Aber das ist es einfach nicht.

Tina, 44, eine engagierte Pastorin, weint in einer Supervisionsgruppe vor Wut und Frustration, weil sie seit vielen Jahren keinen Partner hat. »Woher kommt diese Wut?«, fragt ihr Supervisor. Tina ruft voller Inbrunst: »Ich finde, das ist Gott mir schuldig, dass ich jetzt endlich mal jemanden finde!« Der Supervisor lädt Tina daraufhin zu einem Rollenspiel ein. Sie spielt einen Dialog zwischen sich selbst und Gott. Zunächst bringt sie in der »Tina«-Rolle noch einmal ihren Frust zum Ausdruck. Dann wechselt sie auf den anderen Stuhl und lässt als

Gott die wütende »Forderung« auf sich wirken. Schließlich antwortet sie (als Gott) mit tiefster Ruhe: »Ich schulde dir überhaupt nichts.«
Wieder auf dem »Tina«-Stuhl wirkt Tina plötzlich entspannt und nachdenklich. Ihre Tränen und ihre Wut sind versiegt. Sie atmet tief durch.
»Ja«, nickt Tina, »so ist das.«
Gott, das Schicksal oder wie auch immer wir das nennen wollen, schuldet uns gar nichts. Alles, was wir bekommen hier auf Erden, ist nur ein Geschenk. Und jedes einzelne dieser Geschenke müssen wir am Schluss loslassen.

··· ÜBUNG ···

»WIR ALLE SIND AUF ERDEN NUR ZU GAST«

Anregungen für Werschätzung und Loslassen

Die folgenden Anregungen können dabei unterstützen, sich Themen rund um Veränderung und Loslassen anzunähern.

- Auf welche Dinge bist du besonders stolz? Deine Ehe, deinen Job, dein Haus, deine Kinder? Deine schöne Haut, dein Haar?

- Mache dir bewusst, dass nichts davon dein (alleiniger) Verdienst ist. Du bist vom Leben reich beschenkt worden. Das ist eine Gnade, für die du dankbar sein kannst.

- Stell dir für einen Augenblick vor, dass dies alles einmal nicht mehr dir gehören wird. Dass du es eines Tages wirst loslassen müssen.

- Welche Gefühle löst dies in dir aus?

- Schreibe sie in dein Tagebuch oder sprich mit jemandem darüber, wenn du Lust hast.

- Kaufe eine mehrjährige Pflanze, die du in deinem Garten, auf deinem Balkon oder irgendwo draußen einpflanzen kannst.

- Kümmere dich um die Pflanze. Beobachte, wie sie wächst, Knospen austreibt, verwelkt, unter dem Schnee verschwindet. Und wie sie im nächsten Frühjahr wieder austreibt.

- Es stärkt unser Vertrauen ins Leben zu erfahren, dass nach jedem Vergehen auch immer wieder ein Neuanfang kommt. Genau das zeigt uns die Natur im Zyklus der Jahreszeiten.

STRATEGIEN DER SELBSTFÜRSORGE

Der folgende Fragebogen beruht auf einer Broschüre des Evangelischen Entwicklungsdienstes. Bitte schätze die Häufigkeit ein, mit der du die hier aufgeführten Möglichkeiten der Selbstfürsorge wahrnimmst.
Wo könntest du zukünftig aufmerksamer und fürsorglicher mit dir umgehen?

Körperliche Selbstfürsorge

- regelmäßig essen (dreimal am Tag)
- gesunde Ernährung
- Sport
- regelmäßige medizinische Vorsorge
- medizinische Versorgung, wenn es nötig ist
- nicht arbeiten, wenn du krank bist
- Massagen
- Tanzen, Schwimmen, Spazieren gehen, sportliche Spiele oder andere körperliche Aktivitäten, die Spaß machen
- dir Zeit für Sexualität nehmen (mit dir selbst oder mit Partner/in)
- genug Schlaf bekommen
- Kleidung tragen, die du magst
- Urlaub nehmen
- Tagesausflüge oder Kurzurlaub
- Zeiten ohne Telefon
- was noch?

Selbstfürsorge am Arbeitsplatz

- während eines Arbeitstages Pausen machen, dir Zeit nehmen, um mit Kolleg/innen zu plaudern
- dir Ruhe verschaffen, um etwas fertig zu machen
- Projekte und Aufgaben identifizieren, die interessant und lohnend sind
- Kolleg/innen gegenüber Grenzen setzen

- Beanspruchung ausbalancieren: darauf achten, dass es an einem Tag nicht zu viel wird
- den Arbeitsplatz angenehm gestalten
- auf deine Bedürfnisse achten
- was noch?

Balance

- auf Ausgleich innerhalb der Arbeit und des Arbeitstages achten
- auf ein Gleichgewicht im Verhältnis von Arbeit, Familie, Beziehungen, Spiel und Erholung achten
- was noch?

Psychologische Selbstfürsorge

- Zeit für Selbstreflexion haben
- Tagebuch schreiben
- Literatur lesen, die nichts mit der Arbeit zu tun hat
- etwas tun, wofür du nicht Expertin oder zuständig bist
- Belastungen reduzieren
- auf deine inneren Erfahrungen hören: auf Gedanken, Urteile, Überzeugungen, Einstellungen und Gefühle
- anderen verschiedene Seiten von dir zeigen
- intellektuelle Herausforderungen in neuen Bereichen suchen: Ausstellungen über Kunst oder Geschichte, Musik- oder Tanzveranstaltungen, Theater etc.

» von anderen nehmen können
» neugierig sein
» ab und zu Nein sagen zu zusätzlicher Verantwortung
» was noch?

Emotionale Selbstfürsorge

» Zeit mit Menschen verbringen, deren Begleitung du genießt
» Kontakt halten mit wichtigen Personen in deinem Leben
» dich selbst bestätigen oder loben, dich selbst lieben
» Lieblingsbücher wieder lesen oder Lieblingsfilme noch mal anschauen
» Aktivitäten, Dinge, Menschen, Beziehungen, Orte kennen, die dir guttun und diese auch aufsuchen
» dir erlauben zu weinen
» Dinge finden, die dich zum Lachen bringen
» deine Empörung ausdrücken in sozialen Aktionen, Briefen, Spenden, Demonstrationen, Protest
» mit Kindern spielen
» was noch?

Spirituelle Selbstfürsorge

» dir Zeit für Reflexion nehmen
» Zeit in der Natur verbringen
» eine spirituelle Zugehörigkeit finden
» offen sein für Inspiration

- Optimismus und Hoffnung pflegen
- für die nicht-materiellen Dinge des Lebens offen sein
- offen sein dafür, etwas nicht zu wissen
- wissen, was für dich Bedeutung hat und dessen Platz in deinem Leben kennen
- Meditation
- Beten
- Singen
- Zeit mit Kindern verbringen
- Ehrfurcht erleben können
- zu einer Sache beitragen, an die du glaubst
- inspirierende Literatur lesen (oder Vorträge, Musik hören)
- was noch?

Welche Bereiche sind für deine persönliche Selbstfürsorge noch wichtig?

aus: »Wenn die Welt zerbricht: Mit traumatischen Ereignissen umgehen«. EED Scriptum3, (leicht bearbeitet, Abdruck mit freundlicher Genehmigung)

BILDNACHWEIS

Umschlag vorne: Shutterstock; S. 2: riskieres/ Photocase; S. 32/33: frau.L/ Photocase; S. 43: elmue/ Photocase; S. 55: Rike/ Photocase; S. 66/67: Oksana Shufrych/ Shutterstock; S. 121: marsj/ Photocase; Autorenfoto Umschlagklappe hinten: Michael Lüder

QUELLENNACHWEIS

S. 58: Paul Watzlawick aus: *Anleitung zum Unglücklichsein*, © 1983 Piper Verlag GmbH, München;

In manchen Fällen ist es leider nicht gelungen, die ursprüngliche Fundstelle des Zitats ausfindig zu machen. Der Verlag bittet gegebenenfalls um eine Nachricht, damit bei einer Nachauflage eine korrekte Quellenangabe erfolgen kann.

JETZT IST DIE BESTE ZEIT FÜR VERÄNDERUNG

ISBN 978-3-95803-149-4

ISBN 978-3-95803-150-0

ISBN 978-3-95803-151-7

ISBN 978-3-95803-179-1

EDITION Now!

www.scorpio-verlag.de